U0500181

学校如何优质发展

——校长的实践智慧

北京教育学院教育管理与心理学院　组织编写

知识产权出版社
全国百佳图书出版单位
—北 京—

图书在版编目（CIP）数据

学校如何优质发展：校长的实践智慧 / 北京教育学院教育管理与心理学院组织编写.
—北京：知识产权出版社，2021.10

ISBN 978-7-5130-7702-6

Ⅰ.①学… Ⅱ.①北… Ⅲ.①中小学—学校管理—研究 Ⅳ.①G637

中国版本图书馆 CIP 数据核字（2021）第 181603 号

内容提要

本书是北京市通州区中小学名校长工作室入室学员研究成果（管理案例）的精选汇编。

本书展示了新时期校长在办学过程中容易遇到的一些具有代表性的疑难问题，其充满智慧的解决办法，既具有较强的借鉴意义，也充分体现了当代精神和价值观。

本书可以作为中小学校干部教师、高等院校教育专业研究生及关心教育事业的社会人士开展理论研究、实践创新的参考书。

责任编辑：刘晓庆　　　　　　　　责任印制：孙婷婷

学校如何优质发展——校长的实践智慧
XUEXIAO RUHE YOUZHI FAZHAN——XIAOZHANG DE SHIJIAN ZHIHUI
北京教育学院教育管理与心理学院　组织编写

出版发行：知识产权出版社 有限责任公司	网　　址：http://www.ipph.cn
电　　话：010-82004826	http://www.laichushu.com
社　　址：北京市海淀区气象路 50 号院	邮　　编：100081
责编电话：010-82000860 转 8073	责编邮箱：laichushu@cnipr.com
发行电话：010-82000860 转 8101	发行传真：010-82000893
印　　刷：北京中献拓方科技发展有限公司	经　　销：各大网上书店、新华书店及相关专业书店
开　　本：787mm×1000mm　1/16	印　　张：11.75
版　　次：2021 年 10 月第 1 版	印　　次：2021 年 10 月第 1 次印刷
字　　数：180 千字	定　　价：68.00 元

ISBN 978-7-5130-7702-6

出版权专有　侵权必究
如有印装质量问题，本社负责调换。

本书编委会

主　编　肖韵竹

副主编　孟　瑜　许　甜　胡淑云

编　委（以姓氏拼音为序）

曹　杰　迟希新　崔艳丽　郭　冰　郝盼盼　李　烈

李明新　李　娜　李　雯　李有毅　刘博文　刘长铭

刘可钦　刘维良　娄　娅　吕　蕾　钮小桦　石　旸

王　聪　王殿军　王　欢　王淑娟　王永红　王志明

许培军　杨雪梅　于会祥　余　新　张忠萍　周建华

愿北京城市副中心的教育越来越美好

规划建设北京城市副中心，是以习近平同志为核心的党中央做出的重大决策部署，是"千年大计、国家大事"，属于国家战略。2017年9月，《中共中央国务院关于对〈北京城市总体规划（2016—2035年）〉的批复》指出："高水平规划建设北京城市副中心。坚持世界眼光、国际标准、中国特色、高点定位，以创造历史、追求艺术的精神，以最先进的理念、最高的标准、最好的质量推进城市副中心规划建设，着力打造国际一流的和谐宜居之都示范区、新型城镇化示范区和京津冀区域协同发展示范区。"

千年大计、教育为本。北京城市副中心要成为"国际一流和谐宜居之都示范区"，教育作为公共服务体系的基本内容之一，首先要高标准、高站位，率先达到国际一流标准。打造与北京市城市副中心相适应的教育体系，实现通州教育的跨越式发展，是当前迫切需要解决的问题。而要实现通州教育的跨越式发展，建立一支高素质的校长队伍尤为关键。

为深入贯彻落实党中央的决策部署，按照北京城市副中心建设总体规划及《北京市教育委员会 北京市财政局关于印发〈关于促进通州区教师素质提升支持计划（2017—2020年）〉的通知》精神，2017年北京教育学院承担了"通州区名校长工作室项目"这项光荣的任务。北京市教育学院教育管理与心理学院牵头组建了通州区中小学名校长12个工作室，还为每个工作室配备了理论导师和实践导师以指导工作室学员的学习。项目开展以来，学院在中共通州区委教育工委、通州区教委、通州区教师研修中心的鼎力支持下，着眼于北京城市副中心中小学干部队伍建设和中小学未来发展的需要，坚持问题导向、需求导向，坚持精准支持，整合优质资源，采取多种方式，组织开展了一系列有针对性的研修活动。这些活动不仅促进了校长综合素养和领导力的提升，而且也有力促进了通州区基础教育优质均衡发展，圆满完成了培训任务，取得了显著的成果。《学校如何优质发展——路径与方法》《学校如何优质发展——校长的实践智慧》这两本书就是三年来通州区中小学名校长工作室学员的研修成果。

2020 年 10 月，北京教育学院（北京教育党校）与中共通州区委教育工委、通州区教委以"促进城市副中心教育优质发展"为宗旨的五年战略合作又正式开启。同时，围绕"促进通州校长教师素质提升"，在总结第一期（2017—2020 年）培训经验的基础上，北京教育学院将从 2021 年开始，以"名师工作室"为主继续开展为期两年的第二期培训。

希望通过我们的共同努力，北京城市副中心的校长、教师和学生发展得更好，北京城市副中心的教育越来越美好！

肖韵竹

2021 年 9 月 25 日

目　录

第一篇

学校发展的实践智慧

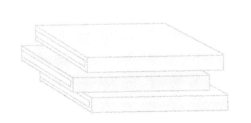

让景观成为"情结"

北京市通州区郎府中学　　王俊丽

【案例】

　　在学校的教学区通往运动场上有一条必经之路，为了美观，学校在这条路的两旁种满了紫藤花，架起了一道"紫藤长廊"。每到四月，紫藤如瀑、蜂蝶起舞，煞是好看！但由于架子的主体是铁管，铁管已腐蚀生锈，在暑期一个风雨交加的晚上，部分顶架轰然塌落。抓紧维修是当务之急！

　　怎么修呢？是学校的后勤领导直接出一个方案，还是……我陷入了沉思。这道紫藤长廊是全体师生心中的一道风景，深得大家喜爱。为何不让全体教师商讨整修方案呢，集集体智慧于一身岂不更有意义？为此，我找到了工会主席，决定把修缮紫藤长廊作为一项工会活动来开展。

　　首先，教师们展开了分组讨论，各组形成一个修缮意见，校务会再集中商讨。果然，群众的智慧是无限的。重点有以下三个建议：第一，为确保安全，用钢结构做主体支撑。第二，要开发长廊的育人功能，如在廊柱上镌刻先贤名言，两侧加装座椅，让信步其中的师生既可小坐读书又可望柱自勉。第三，给长廊正式命名，并悬挂匾额。

　　其次，组织语文组教师提供廊柱上的先贤名言。

　　最后，发布长廊命名的征集令，组织全体师生为长廊命名，并投票选出大家满意的名字。要求每个班提供不少于三个名字，每位教师至少提供一个名字，并要对名字的内涵做出说明。看得出全校师生对此次活动都投入了很高的热情，毕竟谁不希望未来的长廊有自己的设计元素呢！命名环节尤其精彩，教师、学生各显其能，有的名字温文尔雅，有的优美隽永，有的通俗易懂，有的昂扬向上……最终得票最多的名字是"锦萃芳华"，它是图书管理员的大作，意为花木锦绣、群英荟萃。

经过这样一番酝酿，美丽的长廊终于建成了。长廊外观是和学校主体建筑同一色系的棕色，扇形的匾额悬挂正中，上面是我校热爱书法的图书管理员亲笔用隶书书写的"锦萃芳华"。长廊里还有漂亮的防腐木座椅及灯饰，以及足以自勉的廊柱诗句……比以前不知美了多少倍。因为它凝聚了全校师生的智慧，是大家的共同作品，每个人走过时，都愿驻足小憩，比其他景观更多了一层亲情在里面。多年以后，即使离开这所学校，这个长廊也将成为师生愿意回校一看的"情结"所在。

〖反思〗

组织行为学认为，个体在群体中的活动方式能够影响和改变他的态度。参与管理能改变人的态度，能让他们感受到尊重和自我价值的实现，并让他们对决策结果更加认同。如果为了方便快捷，完全可以委托第三方修建这个紫藤长廊，或许会更加美观，但那样做长廊在全体师生的眼中就只是一个景观。而现在的紫藤长廊有全体师生的参与，渗透了每一名师生的热情与智慧，由此更多了一分师生的认同。尤其是那位图书管理员，自此之后，练习、谈论书法的兴趣大增，对学校的工作也更加用心，因为他得到了学校和大家的认可，很有成就感。这也给了我们一个深刻的启示：学校内不妨多几处这样师生参与设计的景观，多些这样的"情结"，多些师生参与的决策，让更多的人以更多的形式得到肯定，才会让更多的人对结果有更多的认同，从而凝聚智慧、凝聚人心、凝聚力量！

校园景观，谁来命名

北京市通州区潞河中学附属学校　孙会芹

我校是 2014 年建成并投入使用的新建学校。如何构建和完善学校的文化体系，并使之尽快深入人心、落到实处，是学校发展的一个重要方面。

2017 年，我们对校园的边边角角进行了大规模整修：东南侧修建了怪石林立、流水潺潺的池塘，池中栽种荷花，放养多尾锦鲤；池边建设古色古香的六角凉亭；凉亭向北沿楼建设了约 30 米的木质长廊；至善楼北侧，沿楼建设两处各 20 米的木质长廊；校园西南角开辟 100 平方米的种植园。每天中午饭后，这些新建的景观便成了师生休息、活动的好去处。他们有的在池塘边赏花戏鱼，有的在凉亭里安静阅读，也有的在长廊中嬉戏玩耍……看着校园中孩子们的身影，我们一直在思考如何让校园景观更加彰显学校的文化内涵，实现学校"处处是育人之处""时时是育人之时"的理念。一次行政会上，后勤主任建议让学校的语文老师给所有新建景观起个名字，我一边听，一边琢磨，也顺势招呼："大家一块商量商量。"张主任听了忙说："语文老师起的景观名字有文化，挺好！"李主任也附和着说："景观很好，是得赶紧起个名字。"就这样，大家你一言我一语，都觉得好。

我说："咱们能不能换个思路，发动学生和家长一起给这些景观命名呢？"

有的干部说："行吗？现在的家长忙得孩子都管不了，哪里有闲心给学校景观起名呢？"也有干部说："校园改造后，好多家长还没进来参观过呢，怎么起呀？"还有的干部说："要是这样，没个一年半载这些名字可起不出来。"

见此情景，我把我的想法讲给了大家，我说："让老师起个名字是最简单快捷的方法。但是，校园环境是学校文化建设的重要组成部分，不仅是学校和老师的事，也是学生和家长的事。环境最重要的作用不是观赏，而是育人。校园景观命名的过程是学校、学生与家长共同创建学校文化的过程。如果让学生和家长一起参与进来，这样的命名是不是更亲切、更有意义呢？"听完我的解释，大家基本认同了我的意见。

随后，学校德育处发出《校园景观命名征集的通知》，该通知对学校办学理念、育人目标等进行了详细的阐释，使家长加深了对学校文化的理解。同时，为增进家长对校园的了解，学校还邀请家长在学生放学后或周末带学生一起参观校园。

两个月后，意想不到的结果出现了：家长们陆续把景观命名及其释义发到德育处，有的以学生家长个人提交，有的以班级为单位提交。德育主任兴奋地说："真没想到咱们家长这么积极，这么有才！"接着，德育处组织家委会和教师代表、学生代表进行筛选，首次筛选后又进行投票，最终"香远亭""晨光长廊""知行长廊""致远长廊""阅微园"高票当选。

景观的名字推选出来了，但由谁来写呢？有的人说请书法家写，有的说请校友写，还有的说让学生写。最终，我们决定把这个锻炼机会留给学生。书法社团的老师和孩子们听到这个消息，那高兴劲儿就别提了。在书法老师的指导下，孩子们用不同的字体认真练习，最终选出好的作品让大家选择。名字选好了，牌匾做完了，我们没有直接挂上，而是组织家长和教师协会委员、参与命名的家长、学生、干部和教师代表，举行了一个简朴而隆重的揭牌仪式，由命名人、书写人和学校领导一起为每一处景观揭牌。那一刻，师生、家长都沉浸在愉快和谐的气氛中，每个人的脸上都洋溢着满满的自信和幸福。他们的成就感与主人翁意识在这一刻油然而生。

　　校园景观命名从发出通知到举行揭牌仪式历时半年，虽然时间长了些，但在这个过程中，教师、家长和学生对于学校的文化理解得更深入了，家长、学生树立起了更强的主人翁意识，大家也更加喜爱这些景观了。

〔反思〕

　　学校是一种文化存在，学校文化是引领学校内涵发展的重要力量，是一所学校的发展历史、价值追求、精神面貌、特色灵魂和核心竞争力的集中体现，是学校内涵发展、创新发展和可持续发展的内在动力。

　　校园景观是学校文化的重要组成部分，要体现学校文化特色、发挥育人功能。学校文化不是一句简单的口号，而是在实践中不断积淀生成的，体现在学校的一草一木中，以及师生的一言一行里。校园景观作为学校环境的一部分，它不是一个单纯的供人观赏和休闲的场所，而是一个要集中体现学校的文化特色、时时处处发挥其特有的育人功能的场所。校园景观要让每一个走进校园的人，都能直观生动地感受和触摸到学校的行动理念和育人方向，让生活在校园中的师生每一天都能明白自己的努力方向。

　　学生是学校的主人，学校文化建设要发挥学生的主体作用。学校的终极目的是育人，构建优质的学校文化是为了更好地育人。因此，在学校文化建设的过程中，由学生参与构建的学校文化，更容易被学生认同和认可，学生更容易在行为中践行，其对学生的教育意义会更大。

　　家校合育的力量不言而喻，学校要为家长创造参与教育的机会。学校教育要重视家长的力量，只有重视发挥家校合力才能达成更好的教育效果，这是不言而喻的教育共识。从此次家长参与学校景观的命名来看，学生家长对于参与学校活动具有很高的热情。由于学生家长从事不同的工作，在不同领域有自己的特长和专业知识，如果能参与到学校的教育活动中，他们就会发挥很大的能量。学校应该重视和看到家长的热情和能力，积极创造合适的机会让家长参与到学校的工作中去，更好地发挥家长的作用，更好地实现家校共育。

一次失败的决定

北京市通州区牛堡屯学校　张　刚

【案例】

2016 年秋季期中考试前，为了严肃考场纪律，在学校例会上，初中部主管教学的 M 校长提出，要按照上次期末考试学生在年级的成绩排名，重新编排考场。这样就面临一个问题，每个考场的人数是固定的，但是每个行政班的学生数是不同的，很多学生要到不同的考场参加考试，原来的班级顺序就会被打乱，在考试期间的非考试时间，如何管理学生就成了问题。为了便于考试期间的管理，M 校长建议以每个考场的学生组成临时班级，由政教处指派临时班主任负责考试期间的学生管理。当时在学校例会上，我稍加思考，认为没有必要这样做，就否定了这种安排。我说不考试的时候，学生还在自己原来的行政班；考试时，再到相应考场的教室里。桌椅不够的话，让学生自己搬过来就行。

会议之后，M 校长又单独找我沟通，希望能够说服我听从他的建议。M 校长马上要去深圳参加一个培训班，他说不希望这件事情留下遗憾，希望我能充分考虑他的建议。可是，我坚持自己的意见，说："不用考虑了，我是校长，请服从我的安排。"M 校长表示会按照我的意见来做，但是会保留自己的意见。

在接下来进行期中考试的三天时间里，在早上和考间休息时间，楼道里充满了叮叮当当的桌椅碰撞声，夹杂着学生的打闹声。我站在楼道里看了又看，感到很无奈，我知道自己的决定错了。

M校长在深圳的学习很快结束了，他回到学校以后，我主动找到他，交流了考试期间出现的情况，主动向M校长道歉。

【反 思】

在与M校长的沟通中，我显然没有尊重M校长的意见，没有听从M校长的建议，而是简单地以校长的权威来做决定。

学校的重大决策，需要有制度作为保障。改变考场的编排规则，是学校管理的一项重大举措，要作为学校管理改革的大事来对待。在学期开学之初，在学校的管理会议上，应进行专题讨论，而不是在期中考试前的例会上临时决定。在决策的过程中，要通过一定流程来决策。M校长对考场作重新编排的想法，要用系统的方案进行阐述，还要对这个方案的必要性和操作的细节进行详细的说明。参会的各位副校长、主任要充分发表自己的意见，要有一个表决的过程，而不是M校长口头汇报，我简单地进行否定。这样的简化过程，一方面无法全面分析方案的利弊；另一方面，由于达不成共识，只是我一个人决定，在接下来的行动中，也很难得到大家的积极配合。

学校管理中的重大事项，一定要经过科学的研讨过程，一定既要充分尊重学生的发展、尊重每一个人的意见表达，还要经过科学的论证，这样才能保证决策更合理。

校长在职称评审中的一次违规操作

北京市通州区台湖学校　张士东

【案例】

　　2018年4月，通州区职称评审工作开始了。我校小学部共给高级指标1名，但小学部申报高级教师职称的有4人。4名教师中有2人多年从事班主任工作，成绩突出；另外2人虽然没有担任班主任工作，但是其中1人为市级骨干教师，1人为区级骨干教师。由于这4位教师均在学科教学中起到了引领作用，所以4人都符合高级教师的申报资格。但是由于名额有限，按照学校职称评审方案，所有的工作程序都公开、公正。要综合教师评价和个人成绩积分后，依据最后得分结果评选。按照教委文件要求，学校职称评审委员会对排序第一的教师进行民主投票，同意票数超过2/3，即可推荐上报。但是，这时问题出现了。

　　申报的4名教师中有3名教师在职称评审组，虽然在最后环节他们不参与投票，但是在私底下，我得知他们已经串通职称评审组的其他成员，准备把入选的教师筛选下去。事态非常严重，我立即召开党支部会研究对策，确保工作程序必须履行，过程必须可控。表决会上，首先让评委逐人对推荐教师进行评议，并给出口头意见，是否可以推荐。随后，以无记名投票的形式，进行评选。为了保证评选工作万无一失，在发选票时，我说了一句话："大家既然对于推荐的教师没有异议，就要履行职责，认真划票，划完之后将选票交到我手里。"最后，

12个人投票出现了3张反对票，赞成票勉强超过2/3，此次职称评审工作暂告一个段落。

【反 思】

方向性和政策性的问题不能通过投票表决决定，党组织的领导要贯穿职称评审工作的始终，否则将弱化党的领导，被别有用心的人利用，结果很可能将政策执行走偏。

在整个执行过程中，职称评审组的3人都参与了打分环节和评议环节，没有参与最终表决环节，但是反思整个评审过程，与职评工作相关的人员必须回避全程，这个问题今后要注意。

要对评委加强教育培养，形成正确的、公正的观念，在教师中形成以个人主义为耻的风气，绝不让哥们义气、朋友利益占据主流，形成所谓的"利益共同体"。

要对全体教师进行教育，树立正确的职称评审观念。

不仅仅是细节

北京市通州区陆辛庄学校　周连宇

【案例】

　　我新就任的学校是一所九年一贯制的百年农村老校，一排排错落有致的平房校舍彰显了校园的古朴。来校后不久的一天中午，一位教师利用午休时间在水房前洗车。正值隆冬时节，洗车流淌的水很快在路面上结成了薄冰。水房前的这条路又恰好是学生的必经之路。尽管学生们都小心翼翼地走路，但仍有摔倒、摔哭的。还有一些活跃的学生在此玩起了"滑冰"，他们嬉戏、推搡、惊叫、呐喊，场面一片混乱。

　　家长将学生送到学校最关心的莫过于孩子的学习成绩和在校安全，而在现实生活中，后者在家长心里的分量要超过前者，家长若看到这些冰面也不免会多一分担心。

　　我校地处北京市通州区张家湾镇西南，学校周边多是市政工程建设和拆迁区域，环境相对较差，地理位置较偏，交通欠发达。目前，还没有公交车可以直达学校。大部分在校教师从家到学校的距离较远，私家车成为主要交通工具。学校教职工人数较多，私家车数量也相应较多。教师们每天上班都是披星戴月，大多数教师洗车只能占用个人在校的午休时间或周末。

　　多年的管理经验让我没有盲目地直接批评那位洗车教师。相反，作为一名新校长，我需要思考怎样才能让教师们在辛勤工作的同时，生活得温馨、体面、快乐，还能避免发生像这样因无序洗车带来的安全隐患呢？我认真地观察了学校基础设施建设细节，决定从调整改造入手。当日，我及时召集后勤主任和几位副校长到"事故"现场勘察，现场制定补救和解决措施：一是及时处理路面，杜绝混乱场面等安全隐患再次发生；二是尽快选址、制定方案，为教师修建洗车房。

经过反复研究，学校及时在远离学生活动的地方，修建了简易洗车房，配置了洗车用具。洗车房的修建，不仅在一定程度上解决了教师洗车难的问题，而且还规范了教师的洗车行为，也减少了校内可能存在的安全隐患。

俗话说，细节决定成败。我要说，细节更能温暖人心，激发干劲。在成功修建洗车房后，我又实施了几个暖心小细节：第一，针对住校教师洗澡难的问题，在宿舍卫生间加装了热水器，可供多人同时洗浴，解决了教师洗澡难的问题。第二，教师宿舍大门无锁，而学校正门教师进出多启动电动屏蔽门，频繁使用经常出现设备损坏现象。针对这两个细节问题，学校在教师宿舍门和学校正门的旁门处安装门禁，全体教师发放门禁卡并根据个人工作和使用范畴设置门禁使用权限。这样既保障了宿舍安全，又降低了校门设备的损坏频率。第三，在教职工卫生间洗手池和厨房洗碗池处加装热水宝。一方面，教师可以不用到直饮水处用暖壶接热水，再到办公室洗手，避免了净化水的浪费；另一方面，便于在生理期的女教师，一年四季都可以有温水洗手、刷洗餐具等。这些小细节都体现了学校对教师的人文关怀。

一系列"暖冬"小细节的实施让教师们心里暖暖的，工作的热情更高了，对学校的归属感更强了。某日，我与一位年近五旬的英语 M 老师偶遇。M 老师激动地对我说："Z 校长，您的一系列细节改造工作真是改到我们教师的心坎里去了！"

【反思】

第一，校长的职责是主持学校全面工作，但是由于校长的时间、精力、知识和能力不允许校长样样都做，也不可能样样都做好。因此，校长必须做出抉择：先做什么，后做什么。不仅如此，有时为了突出重点，应该有意识地在一段时间内集中精力做一件或几件事情。对于一个新上任且是一所农村薄弱学校校长的我来说，首先把学校基础设施建设工作作为推动学校全局工作的突破口，让教职工、学生和家长看到校长的管理风格，看到学校的一些变化，进而振奋精神。

第二，要重视感情投资，调动教师工作积极性。学校管理归根结底是对人的管理，那么首先就是人心的管理。教学是良心工作，教师的精神状态直接影响教学效果。要力争使全体教师始终保持轻松、愉悦的精神状态，要在工作、生活上多关心他们，从内心真正把他们当作自己亲密的战友。平时要多为教师着想，为他们提供优质的服务，解决他们的后顾之忧。就像我们的一系列"暖冬"小细节，虽然微不足道，却使领导与教师之间的关系更加融洽。而有了和谐的人际关系，大家就会带着感恩之心、愉悦之情投入工作，何愁工作没有劲头，何愁成绩不提高，何愁学校不发展？

第三，学校管理工作要从学校实际出发，注重细节，找准发力点。学校后勤管理工作是学校工作的重要组成部分，后勤工作的好坏直接影响着学校教育教学工作的顺利进行。改善办学条件，为师生生活服务是后勤工作的职责和任务。在实际工作中，这些职责和任务常常只是体现在一些鸡毛蒜皮的小事上，但工作中又往往会因一件小事而导致被全盘否定。就像我校的"洗车事件"，假如因洗车路面结冰出现学生安全事故，就会造成"100-1=0"的结果。因此，在现代化管理中，细节决定成败，想成就一番事业就要从简单小事做起，从细微处入手。像我校的小细节变化改变了教师的工作心态，提高了师生学习和工作的效率，是对"成功源自对细节积累"很好的诠释。

孔子曰："知及之，仁不能守之，虽得之，必失之。知及之，仁能守之，不庄以莅之，则民不敬。知及之，仁能守之，庄以莅之，动之不以礼，未善也。"由此可见，管理者在治理一个单位时，要尽心尽力，适时适度关心、帮助职工，解决职工的困难，这正是规矩的体现、制度的完善，也是一个单位、一个群体在正确的轨道上运行的基础。

文化立校之"百日烧脑"

北京市通州区于家务乡中心小学 杜士峰

2014年12月，我调任通州区于家务乡中心小学校长。面对当时"学校文化建设无系统设计、教师没有统一的核心价值取向、没有共同的发展愿景"的现状，我给自己确定的首要任务就是了解学校、谋划发展路径。在做好学校发展SWOT分析的基础上，着手开展以价值导向为驱动的学校文化建设，本着传承与创新相结合的原则，从高位谋划，全面做出了学校文化建设的顶层设计，提出了"为独特的生命提供适合的给养"这一教育价值观，明确了"实施'立人教育'，为每一个孩子的幸福人生奠基"的办学理念，并通过讲座、研讨等形式，面向全体教职工进行宣讲。

在这一工作的初始阶段，一个棘手的问题出现了，即如何让全体干部、教师主动学习、理解理念，尽快实现对文化建设理念的思想认同。这一问题将直接影响理念落地植根的进程与成效。经过一番思考，我决定在全体教职工中开展一项主题为"我是'文化立校'设计者"的活动。活动的主要内容包括围绕学校倡导的价值观和办学理念，设计一句教育口号；设计一个新校徽或一个理念宣传标识；向同伴推荐一本契合学校文化建设理念的益心益智书目。活动时限为三个月，最终通过评比交流进行总结展示。

活动开始后，有人把这一活动戏称为"百日烧脑"。绝大多数的干部、教师都表现出了很高的积极性，一时间这个活动成了完小例会、教研室交流的一个主要议题。各校及各部门的负责人主动承担了文化建设理念的宣讲任务，并组织分管教师进行学习讨论，组织阶段性成果的小型展示交流；教师们丝毫没有表现出"任务驱动"的压力，他们主动参与学校文化建设、自觉学习、研究文化建设理念的热情被点燃了。我们倡导的教育价值观、办学理念等也逐渐注入教师的心里，逐渐体现在教师的教育行为之中。临近期末，活动接近尾声，我们分别组织了"文化标识推介""我对学校文化理念的解读暨教育口号发布""我推荐的一本书"等总结性会议。最终，活动评选出了十幅文化标识（含一个校徽）；三十条"立人教育"口号，如"悦纳有差异的学生，实施最适合的教育，实现最极致的发展""让生命得到尊重，让价值走向极限，让今天的我比昨天更好！"等；李开复先生的《做最好的自己》、黑柳彻子的《窗边的小豆豆》、马斯洛的《人性能达到的境界》、苏霍姆林斯基的《把整个心灵献给孩子》、许金声先生的《人性的充分发展》等书籍被教师们推荐为我校文化建设必读书目。此外，教务处、德育处的干部还进一步主动拓展了活动的主题，对如何构建符合学校文化理念的课堂、课程及德育活动都提出了实践研究意向和设计方案。这一"全民动员"的文化创意活动取得了理想的效果。

〖反思〗

首先，校长的思想引领是开展学校文化建设的关键。开展学校文化建设，需要校长具备文化领导力。校长的文化领导力体现在如何用科学的发展观和与时俱进的精神，统领学校工作的全局，制定学校发展的策略。其关键在于校长能否从思想上引领全体教师形成文化建设的共识与认同，并在此基础上在各项教育活动中得以践行。正如苏霍姆林斯基所说："校长的领导首先是教育思想的领导，其次才是行政领导。"在学校文化建设中，校长首先就要做好思想引领。

其次，教师是学校文化建设的主体。开展学校文化建设的过程也是全体干部、教师建构共同价值观念、达到思想同化与精神统一的过程。在这一过程中，教师的智慧与创造力是没有极限值的，关键要看学校的管理者，尤其是校长通过什么样的策略与方式去唤醒和激发。只有真正把全体教师摆在文化建设的主体地位上，引领教师自觉、主动地投身于文化建设，不被动接受、不游离于外，才能使理念入脑、入心、入行，实现文化理念落地植根的目标。

最后，活动是提升文化建设速度与成效的最佳载体。学校文化建设的目的之一就是让学校成员的心智与行为在文化理念的浸润下发生改变。要使这种改变达到理想的效果，进而走向极致，只有依托活动的催化与促进。一个精心设计的活动会直接影响教师的心理，激发教师的动机，提升意识，从被动地参与转变为积极地投入。由于活动的引领与激励，教师不再是文化理念的接受者和学习者，而是主动作为的构建者、研究者和探索者，能够加速对学校文化理念的思想同化与行为物化的过程，进而提升文化建设的成效。

学校铺上了新塑胶跑道

北京市通州区运河小学　张兆宏

【案例】

2016 年，由于学校新建教学楼的改扩建工程，操场需要整体重建。2017 年，操场建成，由于受到前几年"毒跑道事件"的影响，国家新的塑胶跑道施工标准又没有出台，学校建成的操场跑道只是用沥青进行了硬化。但随之学生在使用中发生了多起磕碰事件，严重影响了学校体育活动的正常开展。两年来，拥有一条合格的塑胶跑道一直是学校全体师生的共同期盼。

2019 年 9 月，好消息终于传来了，市、区教委通过努力为通州区学校铺设新的国家标准跑道争取到 5 个名额，我校就是其中之一。听到这个好消息后，全校师生欣喜不已。但是高兴之余，对于如何顺利完成跑道的施工不免又有几丝忧虑，毕竟我们是新标准启用后第一个"吃螃蟹"的，"毒跑道事件"的影响还没有完全消除，学生和家长们对塑胶跑道的顾虑还没有打消。果不其然，在临近施工前，兄弟学校又传来消息，家长们的质疑声不断，多次拨打 12345 市长热线电话，反映问题，阻止学校跑道施工。

面对这种情况我们应该怎么办？如何打消家长们的顾虑，得到家长们的支持，把塑胶跑道如期铺设完毕是摆在我们面前最大的问题。第二天，学校召开校务会，就这个问题进行了专门研究。会上，大家达成共识，操场塑胶跑道施工不能贸然进行，需要得到家长们的支持与配合。第一步，由张兆宏校长、主管安全工作的马彦玲副校长、主管后勤工作的姚志军主任召集家长委员会代表来学校进行面对面交流，张兆宏校长对家长们的疑问——作了解答，并现场查验了施工方的资质，拜托各位家委会代表在家长群中对还存在疑问的家长进行解释。第二步，让部分班级推选的家长代表们直接深入施工工地，与施工方和监理方一起对塑胶跑道施工所用的底胶、颗粒等材料进行随机抽检，查看材料是否符合国家标准、是否达到国家环保要求。第三步，塑胶跑道施工完成后，再次邀请家长代表参与验收工作，实地查验有无异味，跑道弹性和平整度是否达标。

在此次学校塑胶跑道铺设工程中，学校对家长们采取的一系列做法受到了家长们的认可，也正是家校合作才使此项工程能够平稳、有序地顺利完成。

〔反思〕

家长参与学校管理、实现家校共育，是建设现代学校制度、促进学校管理优化升级的重要途径之一。该模式将大大减少学校与家长之间的沟通时间，从而尽早达成共识，避免矛盾的产生，推动学校工作顺利开展。

随着全社会对教育关注度的持续升温，如果学校教育工作中的重大事件处理不当，便会成为当下的热点，引发大量舆情，给学校造成难以挽回的重大影响。很多时候，我们都是等出现了舆情才想办法来应对。如果在处理涉及学生切身利益和敏感度、关注度高的重大事件时，能够提前考虑可能会出现的舆情，做好各项准备，主动消灭可能出现的舆情，解决各种问题，那么就不会产生亡羊补牢为时已晚的情况了。

此次学校铺设塑胶跑道，我们在前期对可能发生的舆情采取了有效措施，杜绝了舆情的产生，工程得以顺利完工；同时，也深深感到学校的发展离不开家长们的支持与理解，更加认识到家长参与学校管理的重要性。今后，我们会在教育、教学等多个领域，班级、年级、学校多个层面让家长参与管理进行深入合作，切实构建一种新型的家校合作关系，为孩子们的成长助力、加油！

"课时津贴"风波

北京市通州区贡院小学 左春云

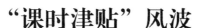

【案例】

贡院小学始建于 1903 年，前后又合并了通州区其他三所百年老校。学校的干部、教师队伍老化，其中最年轻的一位干部也已 45 岁。而且由于合并校的原因，派系林立，形成了不同的利益团体，人心涣散。2011 年 9 月，37 岁的我接受上级的任命，怀着满腔热情来到学校就职。

上班第一天，我就迎来了一场不小的风波。在我上任之前，当时的老校长对我说，每年开学初，学校都要上报课时津贴的方案。那时，他说已经做好了方案，准备上报到教委了。结果我一召开班子会，班子成员都说不知道，大家全然摆出一副不知情的样子。

恰好当时的老校长过来办理关系转出。老校长就和班子成员详细解释这个方案，可是他们仍然坚持说对此并不知情，说着说着几方的言辞变得十分激烈，我在旁听着，也大致明白了，他们矢口否认这个方案的原因，是担心公平、公正的问题。

一时间，会议室笼罩在激动的情绪、犀利尖刻的语言及老校长百口莫辩的叹息之中。而且这次争议给那些冷眼旁观的人增加了可关注、可议论的"热点"，从他们的表情中，我感受到了他们在观望、试探，他们想看看这位新来的年轻校长将如何在短时间内解决这个棘手的问题。

看着形势僵持不下，中层干部们各执一词，我对老校长说："您先去办理人事关系吧。"等把老校长送走后，我回来对干部们说："这件事虽然是在我上任之前发生的，我没有参与过，但是既然我接任了校长一职，我就要对这个学校负责。"此话一出，会议室里渐渐安静下来，他们望着我。

我继续冷静地说道："现在时间比较紧急，不能因为咱们一所学校的延误，影响全区课时津贴的申报。"

他们沉默不语。

"现在谁能拿出一套令大家都满意的方案？"我追问。

他们你看看我，我看看你，各怀心事，没人吭声。

静默良久，我说："好，既然大家都拿不出令所有人都满意的方案，那今年就按照工作量，增课时的适当增，减课时的适当减。有人提出异议吗？"

干部们互相看看，没人提出反对意见。

"好！那就散会后召开全体教师会，征询全体教师的意见。"结果，在全体教师大会上，全体教师民主表决，课时津贴的方案顺利通过，并且按时上报到教委的相关部门，化解了此次风波。

〔反 思〕

作为新校长刚上任时，由于对学校情况还未进行深入了解，缺乏威信，教职员工对我的管理能力和水平还处于试探阶段，这个时候如果出现棘手问题是对校长的管理能力及智慧的考验。总结起来，主要有以下三点经验。

首先，要沉着冷静、勇于担当。每个学校都有自己的问题，都有自己现存的体制、组织文化氛围。作为一名新校长，初来乍到，面对陌生的环境，面对棘手问题，要不慌、不怕，沉着冷静应对。既然已经接任校长一职，遇到关乎学校整体利益的事，就要敢于站出来、敢于担当。这是校长的立身之本。

其次，要把握原则、讲究策略。由于新校长对学校复杂的情况还没有时间进行深入的了解，遇到的事情又比较紧急，没有预留出更多的解决时间，所以在处理上要把握大的原则，讲究策略方法。比如，"课时津贴"这件事，我就采用模糊化处理的方式，避免卷入具体的纷争中，陷入利益冲突的旋涡里。先抛给大家一个不能解决的问题，然后再提出"增课时的适当增，减课时的适当减"模糊处理的原则修改方案，形成没有办法的办法。这样做，既巧妙化解了当时的矛盾，又让大家看到了新校长的担当、勇气和智慧，初步树立了新校长的形象。

最后，要追根溯源、固本疗疾。棘手的问题暂时解决之后，校长一定不要沾沾自喜。"冰冻三尺非一日之寒"，要想真正解决问题一定要追根溯源。通过深入调查，我发现干部在制定课时、绩效奖励、加班费等相关的分配方案时，不是遵循"多劳多得"的原则，而是凭派系和个人的好恶来决定。学校先后合并了三所百年老校，校园内多个派系并存，而合并校组织冲突的形成有多种多样的原因，但根本症结还在于人，在于学校没有形成健康的教师文化，缺乏正确的价值引领。因此，加强干部教师团队建设，形成正确的教师价值导向才是解决问题的根本策略。

找到病因后，我对症下药，逐步开始一系列的改革。如通过抓规划，构建明远教育理念和实践体系，勾勒学校的远景规划和分阶段的发展目标，树立共同的发展愿景，让干部教师看到学校未来发展的希望，让人心中有奔头；通过破解难点，建立明正管理文化，让人本、民主、公正的管理文化内化于心、外化于形，逐渐树立公平、公正的管理文化，让人心舒坦；通过抓重点，落实明慧教师文化，让仁爱、业精、慧美的教师形象成为教师的价值追求，让人把心思放到教书育人工作上。经过几年的团队文化建设，学校的派系逐渐消除，教师、学校的面貌都发生了很大的变化。学校再也没有出现过类似的事件，这样就从根本上解决了问题，推动了学校向好的方向变革。

另外，作为新校长，当我们遇到棘手的问题时，还要注意通过深入调研，认清问题产生的根源，根据学校形势的变化，因时、因势利导，循序渐进地整顿学校不合理的教育教学秩序，这样才能更好地形成风清气正、蓬勃向上的学校文化。

春风化雨，润物无声

北京市通州区北关中学　张晓光

【案例】

　　2018 年 12 月 17 日，我临危受命到位于城乡接合部的北关中学担任党委书记和校长职务。也许正值寒冬季节，让我感到这所学校的人和物格外沉寂，教师间见面没有亲切的问候，没有自信的微笑，使这个冬天更加寒冷。北关中学建校已有近 60 年，但学校发展一直处于低谷，历史遗留问题众多，学校的声誉不高，在当地缺乏影响力。面对这样一所急需改变的学校，我该怎么去管理，又该从哪里着手去管理呢？

　　来到北关中学的第一天，我与学校领导班子碰面召开了简短的见面会，初步了解了学校和教师队伍发展的现状，梳理了学校未来建设发展的思路。忙碌了一上午的工作，我准备前往学校食堂用午餐。当我走进学校的食堂，我的心一下子揪了起来。眼前的食堂只有几平方米大，几张桌子密密麻麻地放在屋里，但似乎也很少有人坐过。食堂的大师傅站在门口拿着大勺从两个桶里盛出饭菜，菜肴十分简单。食堂师傅给我打好饭菜后，我便坐在饭桌前食用，刚才还冒着热气的饭菜还没等我吃完就凉了，可此时我的心却滚烫了起来。吃完午饭后，我没有去休息，立即找来学校的总务主任了解教师的用餐情况，才知道部分教师宁愿中午赶回家吃口饭也不愿在学校吃。

教师一天的工作本来就辛苦，有些离家远的教师就更辛苦。他们为了能吃上一口热乎乎的、可口的饭菜，中午要匆忙地赶回家，然后顾不上休息又要回学校上班。每天这样折腾下来，下午哪还有精力给学生上好课？哪还有幸福感？于是，我想我来到这所学校能给教师做的第一件实实在在的事，就是改善食堂用餐环境，改善教师用餐质量，减轻教师工作负担，提高教师幸福感。想好了，就立即去做！

接下来，我迅速召开学校领导班子会议，将完善食堂就餐环境和改善教师用餐质量工作提上日程。当我提出这一建议时，我看到领导班子成员的脸上露出了真诚的笑容。那一刻，我知道这是对的！学校工作敲定后，我立刻亲自向区教委做出请示，并多次前往教委落实此事以争取得到区教委领导的全面支持。区教委领导对北关中学的发展给了高度重视，希望学校能有突破性发展。在得到区教委领导的支持后，学校联系相关餐饮公司进行招标。在联系餐饮公司的过程中，我始终亲自同公司负责人进行洽谈，全面了解公司的资质和经营业务，以切实保障教师的用餐安全。经过多方努力，我校与餐饮公司达成了协议，为我校长期提供餐饮服务。餐饮质量提高已取得阶段性进展，接下来，就是改善用餐环境问题。学校在取得区教委的支持后，对原来食堂进行改造，扩大食堂规模，将原来与乒乓球室相连的墙打开，增加三间屋子用于教师就餐，增加十六张四人位的桌椅，并新增一台空调。此外，学校还注重食堂后厨卫生安全，安装摄像头进行监督，让教师们吃得舒心、放心。

2019年2月17日，新学期到来了，春天也跟着来了。教师们回到了学校又开始了新一轮的工作，紧张而又忙碌。那天，我结束了上午的工作，再次准备到食堂去吃午饭。当我走到食堂门口的时候，我的心又滚烫了起来！教师们热热闹闹地排着队准备打饭，食堂师傅面带微笑礼貌地问候教师，四菜一汤、荤素搭配，饭菜虽不比家里的美味，但食堂让人有了家里的温暖。有的教师四人或八人围坐在餐桌前用餐，有说有笑，其乐融融，相互分享着学生的故事和生活趣事。就这样，教师们中午愿意留在学校用餐的人多了，夸赞学校午餐可口的人多了，洋溢在教师们脸上的微笑多了，我们北关中学这个大家庭的精气神儿也跟着提高了！

【反　思】

不论是做人、做事还是做管理，都应当踏踏实实，从实际出发，从大事着手，从小事做起，真正把细节做扎实，实现由粗放化管理向精细化管理的转变。管理者应从人性化角度去关爱师生，也许一个微不足道的点头微笑、一句亲切的问候都可以产生巨大的"蝴蝶效应"。只有将微小的事做大，将常规的事做深，才能做到"春风化雨，润物无声"。

在马斯洛需求层次理论中，位于顶层的是尊重需求和自我实现需求。只有当教师的尊重需求得到满足时，才会更加有利于其去实现自我发展的需求。学校要从细微处慢慢改变教师的工作与生活环境，提升教师幸福感，只有这样，教师才能更好地投入教学工作当中去。

实行"牵头人负责制"，提高管理效能

北京市育才学校通州分校　李竹林

【案例】

"校长，六一儿童节快到了，您看我们的活动怎么开展？""校长，有位老师生病请长假，您看工作怎么安排？""校长，国家级督导检查验收任务给我们了，涉及头绪太多，怎么准备呀？""校长，学校甬路坑坑洼洼，您看什么时候修一下？"……

学校干部经常事无巨细地向我汇报工作，等我决策，甚至本该分管干部自主解决或者应该由专人负责的问题都来找我。我感到一所九年一贯制、20余名干部、近300名教师、3800名中小学生的学校，如果凡事一味依靠校长，只会导致干部不肯思考、不敢负责、不愿担当。这样长此下去，既不利于学校各项工作的推进，也不利于干部的培养、锻炼和成长，必须尽快解决这一问题。

对一所学校来说，发现问题、分析问题和解决问题首先要按照现有制度、岗位、分工来执行，遇到未涵盖到的内容、新出现的问题，需要发挥集体的智慧。学校大大小小的事，若都由校长去决定，都是校长一人说了算，不走民主集中的过程，决策必然会出现偏差。同时，对有人分管的事，若校长过早出面表态处理，不仅不能调动班子成员的工作积极性，发挥其个人的才干和主动性，还容易养成干部工作的依赖性，有可能造成班子成员之间不团结，削弱班子战斗力。

经过思考、实践和总结，我校把"牵头人负责制"作为学校管理的一种重要方式。简单说，就是根据工作项目、活动、事件等实际需要，安排相关干部牵头负责组织落实，不分层级，结合分工，谁牵头谁负责，人人有机会，个个展才华。

为确保这种工作方式顺利有效推进，在"牵头人负责制"实行的开始阶段，我们在哪些工作采用"牵头人负责制"，这项工作如何开展，在开展中可能会遇到哪些问题，如何统筹安排，如何制定方案，如何部署、分工、限时、检查、落实、反馈和总结等环节都和干部一起分析、研讨、磨合。在党务工作、德育管理、教学管理、教师培训、课程建设、组织活动、迎接视导等实践工作中，牵头干部制定方案、协调各方、周密组织、全面负责。由于在实践中得到了锻炼，许多干部都能独当一面，出色地完成工作。

"牵头人负责制"的运用在学校管理中效果显著，在班级管理中同样有效。它可以树立学生的主人翁意识，调动每一位学生参与班级建设的积极性，形成"人人有事干、事事有人管"的良好局面。这是"牵头人负责制"这一管理方式和工作方法的有益延伸。

经过一段时间以后，学校的管理理念、管理方式深入人心，各项管理严谨规范、守正出新、顺畅有序。干部、教师团结和谐，工作积极性高涨。

反 思

学校在落实"牵头人负责制"的实践探索中不断反思和改进，总结并提炼了以下几个方面的成功经验。

首先，深化"牵头人负责制"的理论研究。根据勒温的"群体动力理论"，一个人的行为是个体内在需要和环境外力相互作用的结果。该理论论述了群体中的各种力量对个体的作用和影响，致力于通过群体中的行为促进群体的功能，促进群体对个体的作用。"牵头人负责制"实质就是发挥个人主观能动性，对群体产生积极影响。牵头人宜选取主动型的人，这种类型的人能够积极制定群体规范，进行群体活动规划和设计，团结调动团队成员投入工作，高质量地完成项目任务。

其次，制定"牵头人负责制"的工作原则。第一，互为"领头雁"原则。在每一群大雁中，都有一只领头雁。它是群雁中最强、最富有担当的那一只。它必须冲在最前线，乘风穿行。第二，第一负责人原则。牵头人不管是校长、副校长、主任，还是有专长的老师，以项目达成为目标。安排适合人员负责，打破层级限制，省去中间环节，突出工作实效。

再次，优化"牵头人负责制"的运行机制。"牵头人负责制"体现管理民主化。校长在办学目标、办学思想、办学特色总方向下，通过简政放权进一步增强干部教师的责任心和使命感。"牵头人负责制"突出领导管理效能。效能就是干部在实施管理的过程中行为能力、工作状态和工作结果的优化，具有综合性、动态性、多样性等特点。"牵头人负责制"关注团队自我管理能力提升。"牵头人负责制"就是一个自我管理的过程，是干部、教师自我管理、自我成长、自我价值实现的路径方式和策略。

最后，创新"牵头人负责制"的效能提升策略。"牵头人负责制"的实施，依事设人。根据各个岗位的工作性质和工作中遇到的具体问题（如常规工作、重要事件、大型活动、突发情况等），安排干部牵头负责，明确其职责、权限，以任务定岗位，以岗位定人员，责任落实到人，分工合作、各尽其职，达到事事有人总负责、纲举目张、系统落实的良好局面。"牵头人负责制"的实施，量才授职。根据干部能力、专长和岗位、项目、工作的匹配度，不受职务高低、大小局限，安排干部牵头负责、扬其所长、统一指挥、人尽其才，充分发挥干部潜能，使每位干部都能找准位置、找到感觉、发挥作用，推动学校各项工作卓有成效开展。

近年来，学校通过"牵头人负责制"，各项工作开展顺利，干部在实践锻炼中迅速成长，学校各方面工作取得了良好的效果。同时，先后向外单位输送多名优秀干部，他们正在不同的单位、不同的岗位上发挥着光和热。

改革促发展，竞聘展活力

北京市通州区永乐店中学校长　杜福栋

【案 例】

　　2018年年初，我来到永乐店中学担任党总支书记、校长。上任伊始，我便遇到了在领导班子建设上的诸多棘手问题。特别是长期以来由于种种历史原因，我校校级领导班子组织架构不完整，干部工作积极性不高，各自为政、互不团结，遇事互相推诿。一些有能力、想干事的干部长期得不到提拔重用，领导班子严重缺乏"新鲜血液"，使我校管理工作面临种种困难，学校的教育改革无法深入贯彻和推行。

　　为解决学校所面临的干部提拔、任用上的棘手问题，完善党总支、校级领导班子组织架构，充分调动干部的工作积极性，根据中央和市区各级相关文件，结合学校实际，经学校党总支研究，并报区委教工委批准，我校决定对副校级干部实行竞聘上岗，并制定了具体可行的实施方案。实施方案明确了竞聘的指导思想、基本原则、岗位设置、报名范围及条件、竞聘上岗程序、工作时间安排等内容，并在校务会、行政干部会和全校范围进行了传达，严格按照相关程序开展工作。

　　根据学校工作需要，设立四个学校副校级干部岗位，采取自愿报名的原则，符合中层干部任职基本条件的干部均可以报名。

2018年6月，学校召开党总支委员会，审议学校副校级干部竞聘上岗工作实施方案，并报区委教工委审核。2018年7月6日，下发实施方案，在教职工中进行宣传动员。2018年7月6日—9日，符合条件愿意参加竞聘上岗的教职工，以上交述职报告的形式报名。2018年7月9日，由学校党总支对报名人员进行调查，进行全方位的资质审核。经审核，报名人员均符合报名条件。2018年7月9日，学校党总支书记向区委教工委上报候选人名单，区委教工委对上报候选人进行资质审核。区委组织部、区教育学会、区名校长组成的专家团队对本次副校级领导干部的竞聘过程负责监督，并全程参与。2018年7月10日，进行面试考核，由面试专家现场出题，现场考核打分，报名人员面试合格。2018年7月11日，面试合格人员在全校教职工代表大会上进行竞聘述职，并进行民主推荐，面试合格人员被推荐为候选人。按照组织程序，2018年7月12日，区委教工委对被推荐的候选人进行民主推荐、民主测评和组织考察。最后，经两委会研究决定并进行任命，新的团结的且富有生机活力的校级领导班子产生了。

【反思】

首先，干部竞聘上岗是学校干部选拔、任用的大胆尝试。如何选拔德才兼备、有能力、敢作为的校级领导干部参与学校管理是学校管理中的首要问题。事实表明，我校领导干部竞聘上岗是一次大胆的尝试，也是一次成功的尝试。竞聘上岗确保了干部选拔、任用的公开、公平、公正，给全校教职工都提供了参与学校管理的机会，能够真正体现干部选拔、任用制度的客观性和公平性，能够最大限度地将那些想干事、能干事、干成事的优秀管理人才吸纳到学校的管理岗位上，为学校持续、健康、和谐的发展提供了有力保障。

其次，竞聘上岗是调动干部工作积极性的有效方式。一个优秀的学校，不仅需要一大批有信仰、有情怀、有梦想、有学识的好老师，还需要有一批政治上可靠、价值观正确、人品德行过关、业务能力突出、群众高度信任的领导干部。就目前中国的教育形势来看，不仅需要调动教师的工作积极性，还需要调动学校领导干部的工作积极性。

本次副校级领导干部竞聘上岗的条件：第一，看重干部的政治素养，即忠诚党的教育事业，服从组织安排，有责任感、有担当；第二，突出岗位的专业能力要求，要求竞聘干部在全校教职工中具有服务、引领、示范作用。是否具备这两个条件是干部能否成功竞聘上岗的关键。岗位条件的设置是干部竞聘上岗中最关键的一环，它确保了我们的干部选用是"因岗设人"而不是"因人设岗"。只有把最适合的干部放到最合适的岗位，才能真正调动干部的工作积极性。干部竞聘上岗依照科学而严格的原则与程序进行，保证了干部竞聘过程的公开、公平和公正。

本次副校级领导干部竞聘上岗坚持德才兼备、民主集中制的原则，整个过程公开、公平、公正。竞聘上岗采取个人意愿和组织安排相结合，岗位延续和岗位竞聘相结合的方式进行；选人用人做到不唯分数、不唯票数、因岗择优、统筹考虑。试问，如果缺失了公平与正义，干部的工作积极性又从何而来？相比任命上岗，竞聘上岗最大的优势就是最大限度地调动了领导干部的工作积极性，最大限度地发挥了领导干部工作的主动性、创造性，由"要我做"变为"我要做"，转变了干部的工作态度，纠正了各位干部工作中的认识误区，让参与竞聘的干部有了工作的压力与动力，为干部展示才华创造了有利条件，使各位干部在各自的工作岗位上能够"八仙过海，各显神通"，为学校管理和教育、教学各方面工作的开展奠定了基础。

再次，竞聘上岗是学校培养优秀领导干部的有效途径。竞聘上岗能够最大限度地打破躺在"功劳簿"上沾沾自喜、因循守旧、不思进取等各种消极等待、无所作为的思想。谁的实力强、素质高、业绩突出、富有创新精神，谁就会得到提拔和重用；反之，谁的素质低、工作不努力、安于现状、无所作为，就会在竞聘中失去优势，就得不到提拔和重用，甚至可能被解聘。竞聘机制能够让有能力的人上去，也能够让没有能力的人下来。因此，竞聘上岗必然能有效地激发干部尤其是中青年干部爱岗敬业、勤奋努力、刻苦钻研、争创佳绩的热情，使各类优秀人才脱颖而出，有力地促进干部队伍建设和各项工作开展。另外，领导干部竞聘上岗务必经过严格的考试考核程序。正是需要经过严格的考试考核程序，才必然促进干部认真学习文化理论知识，提升专业管理水平。所以，推行领导干部竞聘上岗，必然会促进高素质干部队伍的形成，这是培养优秀领导干部最有效的途径。

最后，竞聘上岗是今后学校干部选拔、任用的合理趋势。今天，我们的学校面对新形势下的教育变革，肩负着繁重的教育使命，如果不能够最大限度地提升学校干部的素养和工作能力，就难以适应新形势下的教育改革的需要。若要提升学校干部的整体素养，使优秀干部能够脱颖而出，就需要建立一种有利于干部培养、选拔、任用、激励的选人用人环境，创造一种有利于优秀干部脱颖而出的能上能下、能进能出的选人用人机制，形成一套制度完备、纪律严明的监督体系。竞聘上岗是建立这种机制的有效措施，体现了干部选拔、任用制度改革的基本精神。竞聘上岗的特点是公开性、公平性和竞争性，只要符合基本资格条件，人人都可以参加竞聘。竞聘上岗为干部的选拔和任用提供了严格而合理的工作程序和考察办法，能够比较客观地反映干部德才素质的高低，对于促进优秀干部脱颖而出，提高干部选用的透明度和干部队伍的整体素质，从源头上预防和治理不正之风，具有重大意义。

教师公寓整改故事

北京市通州区马驹桥学校 王 飞

【案 例】

2016 年 9 月，我被调到马驹桥学校担任校长。到任后，我对学校各部门的工作进行了解，发现了许多不规范的现象，尤其是教师公寓的管理较为混乱。

教师公寓共有 80 多间，每间都有教师居住，相当多的房间里冰箱、电视、热水器等家用电器一应俱全。有的教师甚至索性把自己的房子出租出去，全家搬到教师公寓过日子；有的教师把学校配置的单人床换成双人床，自己还购置了沙发；更有甚者把自己的父母接来照顾孩子。教师公寓本是用于解决单身无房教师的住房问题并供教师中午休息的场所，竟成了免费的家属楼，甚至成了某些教师营利的工具。更可怕的是，公寓内安全隐患无处不在。面对如此严重的问题，学校以前曾一直试图解决，终因涉及几乎所有教师的"切身利益"而未能改变。

面对这一难题，我首先统一全体领导的思想，明确目前教师公寓安全隐患的严重性及学校支部行政班子所承担的责任，尤其这一隐患关乎众多教师的生命安全；其次，邀请消防部门的专业人员对全体教师进行安全教育，同时对教师阐明教师公寓从设计的角度不具备居家居住的条件；最后，在广泛征集教师建议的基础上，发布教师公寓整顿的时间和方式。经过一学期的努力，教师公寓的清退工作全部完成。

【反思】

这一痼疾的顺利解决，引发了我对学校管理的思考。

第一，调动和激发教师工作的积极性，是学校管理的主要内容。人文关怀是学校管理的应有之义，但过分的人文关怀，尤其是建立在危及校园安全乃至教师生命安全基础上的人文关怀是极其错误的。对于一个学校而言，真正的人文关怀，应该是为教师的专业成长创造良好的制度环境和发展环境。

第二，要相信教师。教师是学校发展的主体，相信教师的觉悟，相信绝大多数教师能明辨是非、顾全大局。

第三，学校领导要有处理复杂事件的能力，要有舍我其谁的勇气和担当，同时还要注意全方面考虑问题，这样才能更好地做好学校工作。

规划"生长"记

北京市通州区后南仓小学　崔淑仙

【案 例】

　　制定学校规划是学校发展过程中的一件大事。2016 年年初，我们就一直在思考如何制定学校"十三五"发展规划。我组织召开了班子会，将这项工作提上议事日程。会上大家进行了讨论，然后达成一致：先分头制定，然后再汇总。分工后，大家就开始写起来！大约过了两周的时间，我们的"规划"写好了，非常翔实，内容是各个部门分管工作的累加，足足有 24913 字！

　　仔细审读这份学校规划，我的感觉是，学校发展总目标不明确；规划是个"大筐"，把学校的大事、小事都装进来了；内容混淆不清；没能跳上云端谋划发展；没有突出重点发展领域；规划没有核心与灵魂，就像一份流水账，没有重点，文章冗长、叠加现象严重，实施落地有困难……从制定形式上看也是领导坐在屋里自己写出来的，没有听取各方意见。怎么办？必须改！

　　我们再次召开班子会，面对这样一份"规划"，大家一起想改进策略：加强学习，找到百年学校精神，以学校精神和办学特色统领学校工作，让规划走进基层等。

　　2016 年 3 月 5 日，我和班子的其他成员一起，参加了北京市教委专项基于 UDS（University District School，大学—区域—中小学合作）下的学校自主发展行动计划项目组织的培训活动。回到学校后，我立即组织召开行政班子会。会上，大家及时消化培训内容。我和几位干部分别谈了培训体会，对制定学校规划的重要意义达成了共识，同时也感受到了紧迫感。

校长亲自负责规划制定工作，是确保学校规划成功制定的必要条件。我通过调研，亲自制定了《通州区后南仓小学"十三五规划"项目策划方案》，对规划整体工作进行细致安排。

制定规划先从提炼学校精神入手。2013 年 1 月，后南仓小学被命名为北京市"百年学校"。2016 年，后南仓小学已经 113 岁了！百年栉风沐雨，百年立德树人。在欣喜之余，我们驻足回眸，一直在思考着这样的问题：百年的后南仓小学（简称"后小"），她的身上到底有怎样的精神，世代激励着这里的师生孜孜不倦、砥砺前行？

我带领学校班子研究后达成共识：制定好学校规划，先要弄明白学校的过去，采取"查阅百年资料与走访调研相结合"的形式研究办学历史。于是，我们将学校现存的档案资料作为认真研究的材料，同时更注重与现实人物进行面对面的交流互动。

第一，我们走访历任老校长和退休教师，征求他们的办学经验及建议。首先，历任校长的办学态度与治学精神令人感慨；其次，每一位退休教师那份兢兢业业的工作态度和爱校如家的情怀令人动容。

第二，请回"研究专家"老校友，为学校发展出谋划策。将研修员请回家，让他们共同谋划学校发展，为提炼学校精神、发扬后小精神起到了极大的推动作用。

第三，认清现状，重新定位。我们用 SWOT 分析法分析学校情况，找准未来发展方向，客观地分析了学校发展的优势与不足，找准学校发展新的增长点。在此基础上，我们提炼出学校的百年精神——求真·务实·超越，并将"弘扬百年精神，深化"三我"（我发现、我实验、我创造）教育，提升教育质量，打造北京城市副中心的百年品牌学校"作为学校发展方向。

第四，几易其稿，采取"移、删、梳"的策略不断修改规划。例如，将学校理念体系建设内容全部迁移到《学校文化手册》中，将详细的学校课程建设内容迁移到《课程建设方案》中；删除规划中所有空话、套话、过多的描述性语言和日常常规工作。最难的还是"梳"的工作。我们邀请万院长、高校长来校指导。首先找准自己的位置在哪里，厘清办学理念体系框架；明确科技教育办学特色即将迈入第三阶段；校本课程体系进入 3.0 版；哪些是我们的真正优势与不足。然后，再弄清楚将要去哪，把空洞的办学目标具体化、适切化。我们将学校今后发展任务的十个方面分类整理，分别设定为发展任务和保障措施，确定了"一个中心""五个体系"的主要任务。

2016 年 12 月，我们又组织学校全体教师审议、组组讨论，广泛听取大家的意见，再次进行规划的调整。在此期间，我们还组织家委会成员到校进行研讨，组织部分学生代表参与研究学校工作。2016 年 8 月—2017 年 2 月，规划在不断修改，前后共 16 个版本。

2017 年 3 月 24 日，学校召开五届三次教代会，中心议题就是讨论通过"学校'十三五'规划"。除了 32 位教代会代表参会外，我们还邀请到区政协主席、我校校友赵玉影主席，区教育工会石春江主席，小教科领导，研修中心领导及校友代表，还特别邀请了我校第八至十任校长宁珩、耳友深、肖金茹，部分家长代表和学生代表，以及学校非代表教师来参会。会上，学校工会主席介绍了教代会召开的背景，教学副校长介绍了我校规划制定"大事记"，我做了学校"十三五"规划的宣讲，德育副校长宣读了 13 项行动计划。之后，教师、家长、学生、嘉宾各抒己见，为学校发展建言献策。最后，全体代表举手表决一致通过了学校规划。

至此，后南仓小学"十三五"规划终于诞生了！

【反思】

　　学校规划终于出台并得到教师、专家、校友和领导的认可，我们很兴奋。但是，静下心来思考，我们的规划还存在着这样或那样不尽如人意的地方，需要不断完善。在项目组的引领下，我们在认真制定规划的过程中，有以下感悟。

　　规划的制定过程促进了我们思维方式的转变。规划能力的提升是 UDS 项目校学校发展的重要路径，是学校未来一段时间发展的蓝图。作为通州区一所百年学校，我们一定要把思考学校的发展、谋虑学校未来五年的规划，作为学校发展中的一项重要大事来做。

　　以往许多学校在做大的总结、计划乃至规划时，往往都是分管部门和干部分头撰写，然后汇总在一起，加上开头结尾即可，我校也是如此。这次规划的制定过程彻底颠覆了我们原来的观念——规划就是各部门工作的相加，只要各部门把自己的规划写好、写细致，就是很好的规划。我们更加明确了规划是什么，规划为了什么，规划形成的过程是什么，从规划的制定中我们又得到了什么……

　　学校的任何一项工作都必须围绕"学生发展"这个中心。把学生放在正中央，尊重教师、尊重历史、求真务实、敢于超越，改进于日常。特别是更要防范"习以为常"，只有不断改变，才能发展得更好。

　　规划制定过程就是明晰学校办学理念和目标的过程。在制定规划的过程中，我们不断反思、梳理学校的办学理念，使学校文化更加清新，弄清楚了办学思想、办学特色、发展目标的内涵及它们之间的关系，明确了我们的办学特色发展已经进入发展的第三阶段；课程建设框架更加清晰明了，以科技教育为核心的校本课程进入 3.0 版，课堂建设的目标更加明确和具有可操作性。只有理念清晰、方向明确，学校才能实现科学发展。

　　规划的制定过程是建设以学生为中心的学校不断生长的过程。制定学校发展规划过程是一个复杂而辛苦的过程，是一个学习、反思和不断提高的过程，是一种深深体味教育幸福的过程。纵观学校发展规划的形成历程，我最深的体会是，规划从无到有，从青涩到成熟，它在我们学校中生长！

规划制定的过程就是学校生长的过程：我们的办学理念得到了生长，办学特色得到了生长，课程体系得到了生长，校长、干部、教师的教育智慧也得到了生长。

我很欣赏科幻作家阿瑟·克拉克在其墓志铭上刻着的一句话："我永远都没有长大，但我永远都没有停止生长。"对于一所学校而言，又何尝不是这样呢？让规划在学校中生长，是保证学生健康成长、实现立德树人根本任务的重要保障！

第二篇

教师发展的实践智慧

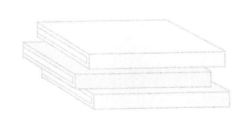

这样的"负责"不可取

北京理工大学附属中学通州校区　陆　旻

【案例】

　　一个早晨，一对夫妇站在了校长室的门口。在一段试探性的沟通之后，家长向我敞开了心扉。原来是我校一位教师因为学生不能按照她的要求完成作业，每天都布置大量的罚写、罚听、罚背等额外作业。孩子因为完不成这样叠加的作业，会反复被罚，他们的儿子就是被处罚学生中的一员。老师怒其不争，采用不让孩子坐在凳子上、不能使用课桌抄写的处罚措施，甚至出现了孩子蹲着完成罚写的现象。现在孩子已经惧怕上学，学生家长哭着请求校领导解决这个问题。

　　我快速召开调查会了解情况。事实正如家长所描述的，办公室里有不少教师甚至年级主任都看见了这样罚写的场景，但是因为这位教师的教学成绩突出，基层干部认为如果找这位教师谈话，会影响她的积极性和学校教学成绩，所以就任由这样的现象一而再、再而三地发生。

　　对于该如何处理这件事情，我征求了在场干部的意见。有的干部说：一方面，虽然这位教师的方法有点儿简单粗暴，但是她的教学成绩好；另一方面，因为这位教师的性格火暴、脾气很臭，以前也多次和家长发生过冲突，学校多位领导曾上学生家赔礼道歉，为这位教师"平事儿"。如果找她谈话，把她惹急了，她做出一些出格的举动不是更麻烦吗？也有的干部认为，这是严重的师德问题，必须严肃处理。还有的干部干脆说："校长您说怎么办就怎么办吧！"

干部们的回应出乎我的预料，同时也引起了我的思考：难道抓住了学生的"分"就等于抓住了一切吗？难道教师的任何做法学校都可以容忍吗？在当前尤为关注师德建设的时代，这位教师的问题属于师德问题吗？经过慎重思考，我决定亲自出面解决这个问题。

我邀请在场干部和我一同与这位教师做一次坦诚的交流。

走进办公室的王老师双手一直在搓，身体前倾只坐沙发的三分之一，我想她的内心一定很纠结。我首先肯定了她落实教学任务的尽责意识，甚至当处罚学生不完成补写作业不让吃饭时，自己也陪着饿了一顿，也体现出一定的"担当意识"。然后，我问了她两个问题：一是如果你看到你的孩子被老师要求跪着罚写，你有什么感受？二是如果你是这个孩子，你会有什么感受？王老师瞪大眼睛看着我，半天才说出一句话："校长，你把我开除吧！"

看来她对自己的不当行为已有一定的认识，我接着指出：由于她处理方式不当，已经造成学生惧学和拒学。真正的教育既要讲究科学，也要讲究艺术，仅提高了学生分数并不等于促进了学生发展，简单惩罚对于处于青春期的孩子也并不一定有效，还有无别的更适合的方法来解决孩子未按要求完成作业的问题？

她真诚地表示愿意在家长会上向家长道歉，并在今后的教学中注意调整教育方式。在期末第二次学生对教师的评教中，我看到学生给予这位教师的肯定更多了。

【反思】

这一事件虽然比较妥善地解决了，但也引起了我深深的思考。

第一，校长应该引导教师具有怎样的学生发展观和教学观。一些干部、老师认为，只要把成绩提上去了就一好百好，教师的任务就是用各种手段提高那些"懒孩子"的成绩。把学业成绩作为学生成长的唯一评价指标是狭隘的应试教育思想，是没有建立正确学生观的错误行为。教育的根本目的是发展和培养学生的主体性。主体性作为人的一种特性，它集中体现为人的自主性、主动性和创造性。具有主体性的人能正确认识客观事物、认识自己、掌握规律、改造世界，实现自己的目的，做到一般被动的人做不到的事情。教育的真谛不应该是由外向内的强迫，而应该是唤醒孩子们由内向外的生长。校长有责任引导老师们形成正确的学生发展观、教学观。

第二，学校干部应该有怎样的教师管理观。学校领导遇到家长的投诉，容易生老师的气，特别是出现有体罚嫌疑的老师，更容易给老师扣上"师德有问题"的帽子，造成师德问题泛化。

细品上述案例的细节会发现，这位老师尽职尽责，甚至处罚学生不完成补写作业不让吃饭时，自己也陪着饿一顿，也体现出一定的"担当意识"。但由于教育方式不当，已经造成学生惧学和拒学。

教师不能把教育职责片面地理解为"倾尽全力地教、关怀备至地育、怒其不争地罚"。同样，干部在管理中不能只是指明方向，笼统地布置工作，而不关注过程中的方法指导和日常的监督检查。在管理中，用"遮丑"来帮扶教师，这样不能解决本质问题，反而会误导教师认为自己不用对教育行为负全责。

在处理家长状告教师的问题上，学校领导要公平、公正，既不偏袒教师，又不能随意给老师贴上"师德有问题"的标签。要相信教师的基本操守，相信教师的修正能力，给教师正向的积极期待。只有这样，才能更好地促进教师的发展。

要引导学校全体教师形成正确的学生观，既需要科学方法的指导，也需要有静待花开的淡定。这期间既要坚持好的做法，不断总结、交流、传递优秀范例，也需要学校具有科学的教师管理观，用良性的激励奖励制度引导教师自觉追求变革，主动实现新生。

职称评审中的风波

北京市通州区第六中学　常恩元

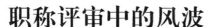

【案例】

　　2018 年 5 月，按照上级的要求，我开始部署学校的职称评审（以下简称"职评"）工作，这是我第一次在新调入的学校组织这项工作，对于我来说是一次不小的考验。因为学校地处老城区，老教师多、年轻教师少，教师的流动性又小，职称指标少，竞争非常激烈。

　　学校依据上级有关职评文件的精神，及时召开职评小组会、全校教师大会，部署职评工作。自学校职评部署会后到 2018 年 6 月 10 日职评拟推人选上报期间，部分教师反映强烈。先后有不下十位教师找到我，直接向我反映职评存在的问题。有的教师认为自己年龄大了，没有功劳但有苦劳，应该评上；有的教师认为对班主任工作不重视，三年加一分太少了；有的教师认为市区评优课、公开课、研究课没有加分不合理；有的教师认为教科研、辅导学生加分不封顶不合理、不公平，因为有些学科没有竞赛辅导的机会；有的教师认为学校没给自己机会，致使自己职评的基本条件不够，如担任班主任，每周任课不少于 4 课时，还有非教师系列职评没有考虑等。这些问题解决不好都直接关系到学校的稳定与教师的切身利益。

　　职评的指导思想是要遵循教育发展规律和教师成长规律，坚持以能力和业绩为导向，充分调动教师的积极性，为全面实施素质教育提供制度保障和人力支持。要坚持面向全体教师；坚持民主、公开、竞争、择优，鼓励优秀人才脱颖而出；坚持重师德、重能力、重业绩、重贡献，激励教师提高教书育人的水平。

面对职评中的现实问题，职评小组进一步规范职评程序，增加透明度，认真核实申报教师的条件及各项赋分，增加教师量化考核成绩确认签字环节，向教师做好解释说明。职评小组会推荐环节，突出职评导向，采取投票推荐方式，坚持将教师的日常表现与师德、能力和业绩相结合，关注那些日常师德好、能力强、业绩突出、示范作用强的教师。另外，在学校公示最终推荐人选之前，我利用一天半的时间分别找那些没有入围的教师进行沟通，请他们谈谈对职称评审标准、组织实施的看法，以及对学校今后改进职评工作的意见与建议。在与教师的交流中，我既对教师的困惑与意见进行了解答，也为他们今后的发展指明了方向，起到了激励的作用，密切了干群关系。同时，我还对今后的职评工作谈了自己的思考与看法。

【反思】

为什么教师对职评会有看法呢？概括起来体现在以下六个方面。

第一，源自于教师的不知情。现行的学校职评办法还是2013年3月学校制定并通过的，在项目的设置、赋分的标准、操作的步骤、拟推人选的产生、公开透明的程度等方面，征求意见的程度与宣传力度都不够，导致教师对此有看法。

第二，主旨思想体现欠充分。通州区《深化中小学教师职称制度改革实施方案》明确指出"重师德、重能力、重业绩、重贡献"的原则，现在看我们的职评方案存在重视证书、忽视平时业绩，重视结果、忽视过程的现象，如市区评优课、公开课、研究课没有加分等，致使教师有看法。

第三，部分指标赋分欠合理。如班主任每三年任职加一分，辛勤工作三年还不如区里的一个一等奖，没有体现向教学一线倾斜的思想，使班主任认为自己的工作可有可无，得不到应有的认可，难以调动教师从事班主任工作的积极性，可能会造成将来没人愿意当班主任的局面。

第四，赋分项目间缺少层次性。主要表现在科研、竞赛辅导与教育教学项目的赋分上。由于科研、竞赛辅导项目赋分没有封顶，再加上学科间机会的不均等，不利于那些踏踏实实工作且业绩突出的教师，容易出现科研、竞赛辅导成绩突出冲淡教育教学业绩的现象，造成教师有看法、有意见。

第五，对非教师系列人员欠关注。在学校的职评方案中，没有针对非教师系列人员的职评办法，使这些教师看不到希望，工作没有奔头，积极性不高。学校的发展需要全校干部和教师的智慧与汗水。学校每一个部门、每一个岗位的设置都有其存在的意义。只有让每一位教师都有盼头、有发展的积极性，学校才能有发展的活力与后劲儿。

第六，职评组织过程欠规范。不向教师公布指标数，不公开职评方案，不公开职评量化过程，致使教师对职评的公正性有看法，甚至认为有人为干扰，可信度低，长此以往会造成校内的歪风邪气。

职评既关系到教师个人的切身利益，也关系到学校的稳定与发展。职评必须要关注教师与学校的共同发展，体现公平、公正、公开的原则，坚持德才兼备、以德为先，注重考察教师的专业性、技术性、实践性和创造性，突出评价教师的业绩水平和实际贡献，突出以品德、能力、业绩为导向。学校要认真修订并完善切实可行、教师认可度高的职评方案与办法，加大宣传的力度，细化操作流程，提高教师的认可度，让教师感受到学校的公平和对自身工作的认可，减少人为因素的干扰。

总之，学生的成长和学校的发展都离不开教师的发展，做好职评工作就是关注教师切身利益、调动教师工作积极性和主动性的具体体现。作为学校的管理者，要切实让职评起到导向与引领的作用，助推学校发展，为学生成长服务。

一个中学高级指标的竞争

北京市通州区潞县中学　徐英杰

【案例】

　　2017年教师职称评审（以下简称"职评"）时，我校有将近20名教师具有申报中学高级教师的资格，而高级指标只有一个，竞争空前激烈。按照我校的职评方案，应把有资格参评教师的综合考评分进行排名，取指标数的2倍人数进入学校的初评范围。在初评阶段，学校全体15名初评委，在不知道入选教师综合考评分的情况下进行投票，得票超过三分之二的教师，被学校推荐占用指标进行上报。这次初评时，有两人进入学校初评阶段。一名是教育教学业绩出色的教师，另一名是管理成效显著、尽职尽责的中层干部。评委们在投票时，教师得了7票，干部得了8票，都没有达到三分之二以上的票数。首轮投票失败，没能推荐出人选。

　　这时，初评委们开始议论纷纷，我作为评审小组组长，为了稳定大家的情绪，也为了能推荐出结果，在第二轮投票前，我对评委们说："大家在投票时，一是要看人选人的师德和师风，二是要看入选人的业务能力和水平，三是要看入选人的工作成效。"我说完后让大家进行第二轮投票，结果是教师得了8票，干部得了7票，投票再次失败！

　　此时，初评委们不仅是议论，而且是开始争论，气氛也变得紧张起来。

我也是第一次遇到这种棘手的情况，一时没了主意，于是就让初评委们逐个发表意见。有人说，应该把指标推荐给教师，教师机会少；也有人说，应该把指标推荐给干部，干部更优秀；还有人说，两个人都很优秀，让他们来抓阄推荐吧；更有人说，把指标废了，明年再说……听着初评委们的意见，我觉得都不太合适。

思前想后，我想出来一个办法。我说："大家的办法都有一定道理，两位入选人都很优秀，推荐谁都合理，但要有说服力。你们看看这样办好不好，既然两个人参评，我们还是应该把最优秀的推荐出来。现在，咱们都不知道入选的两个人的综合考评分，咱们看看谁的综合考评分高，就推荐谁。大家对这个办法举手表决一下，通过了，就用这个办法。"表决结果，初评委们一致同意这个办法。按照这个办法，由学校办公室人员当众公布两个入选人的考评分，最终初评委们全票通过推荐人选。

事后，我单独把进入初评范围的两位同志找来谈心。我对推选出来的人讲，这次职评他还没有明显优势，要继续努力，不要骄傲，进一步争取大家的认可。我对落选的人讲，大家非常认可他的努力，和推选出来的人比，成绩很接近；但因为这次指标少，只能是二选一，所以还需要努力，不要气馁。

反　思

职评是关系到教师个人切身利益的一件大事。不仅是参评人特别上心，其他教师也很关注，处理不好就会影响学校的整体工作，这样的事例不胜枚举。针对职评等涉及教师利益的工作，要做到公平、公正和公开，就要以制度作为保障，这是教师信任学校的基础。本次职评工作虽然完成了，但还是遇事临机决断，缺少制度依据，实际上仍是难以服人。此外，综合考评分没能让初评委提前知道，丧失了考评分的意义。因此，还要制定更加具体、公平的职称评议制度，使职评的各个环节、各种情况都在制度的规范下进行，让职评工作有法可依、有据可查、以理服人。

职评工作制度是刚性的，绝对要遵从。但职评面对的是教师，也要讲人情。职评有名额限制，常常是僧多粥少，结果比较残酷。如果不讲人情，生冷操作，有时会导致评上的人沾沾自喜、不思进取；没评上的人怨天尤人，甚至失魂落魄，不利于工作的开展。总之，如果有人不能正确归因，就成了好事办不好的个例。为了弥补这样的不足，在职评后，我分别找了进入初评范围的教师谈话。谈话虽然说的是工作，但能沟通思想、交流想法、建立信任，所以效果很好。因此这次职评工作中讲人情的做法，我认为是比较成功的。

保护教师的制度为什么得不到教师的拥护

北京市通州区宋庄中学　周立军

案 例

2015 年 1 月的一天，区教委给我打来了电话："周校长，您好！有学生家长举报，您学校的初二（3）班、初二（4）班数学教师利用周日上午给学生补课，每次收费七十元。请学校查实并书面汇报情况。如果属实，请报告处理办法。"

放下电话，我马上找来负责初二年级的干部刘主任，让他立刻去查实情况。不一会儿，刘主任回来了，说："报告校长，确有此事。""那就要严肃处理，先退款，停职写检查，听候处理。"我严肃地说。

第二天，来了十几名学生家长，他们说："校长，您千万别给老师停职，她可是个负责任的好老师。""是我们强烈要求老师给我们孩子补课的。"家长们七嘴八舌地为某老师求情。我说道："老师补课收费，违反规定。请各位家长放心，我们既要处理老师，也要保护老师，更重要的是不会耽误学生的学习。"

送走了学生家长，我想：怎样做才是既要处理教师，又要保护教师呢？对，应当制定相应的规章制度。把收费补课的行为分为"较轻""严重""非常严重"三个层次进行处理，某老师的行为属于较轻。

于是，我找来办公室主任，起草《有偿家教的处理办法》，然后校务会讨论定稿，准备召开教职工代表大会。我想用这个制度提醒教师正确认识有偿家教的严重性，又根据不同层次的违规行为进行相应处理，对初次违规的教师不"一棍子打死"，给予改正的机会是对教师的一种保护。但是，这个制度并没有在教职工代表大会上通过。

为什么呢？我又分别找了教职工代表大会成员了解情况。有的教师认为这个制度就是校长想办法制裁教师的；有的人认为上级有相关文件，学校没有必要再制定相关制度等。

于是，我把上级的有关有偿家教的规定和学校的相关规定印发给全体教师，各年级分别组织讨论，把学校制定《有偿家教的处理办法》的初衷向教师介绍清楚，征求广大教师的意见：一是有没有必要制定学校的"有偿家教处理办法"，二是办法中的细节哪些需要调整。通过广泛地征求意见，最后教职工代表大会全票通过了此办法。

【反思】

通过处理这件事情，我认识到，出现问题的原因是我和教师们沟通不够、讨论不够。通过此事，我认为，学校在出台相关制度的工作中，无论是多小的制度，无论出发点是多好的制度，都应当广泛征求意见，说明原委，这样才能得到广大教师的拥护并顺利执行。

升旗"后进生"的转变

北京市通州区运河中学　李卫东

【案例】

　　周一升旗仪式结束后，学校办公室的王老师急匆匆地找到我，手里拿着签到本说："校长，今天早上在参加升旗仪式活动中，迟到和缺勤的教师仍然比较多，个别人从开学到现在就一直没有参加。另外，升旗时，教师们都零散随意地站在跑道上，队伍不整齐，统计参加升旗仪式教师的姓名和人数很困难。特别是学生在国旗下讲话过程中，学生们都立正站直，行注目礼，认真对待；而咱们教师有的扎成一堆说笑聊天，有的还低头玩手机……在学生们面前，教师的行为太没有规矩了，太有损学校和教师的形象了。有些教师对此事也是议论纷纷，认为这件事应该要管管了。"我在与负责升旗学生的谈话中发现，学生对此意见也很大，认为他们付出的辛苦没有得到尊重。并且，学校对升旗仪式这项活动有明确的行为要求，学生们能按要求做到，为什么有一部分教师却做不到。学生看到有的教师参加升旗活动不认真，感觉升旗仪式就是走形式，没有什么意义。通过了解，学校干部和教师也认为有的教师参加升旗仪式不够严肃和庄重，没能体现自己对国家的热爱，教育的仪式感没有得到发挥。大家认为，教师的身教重于言教，教师的行为直接影响教育学生的效果。教师在升旗活动中应该以身作则，起到榜样作用。

升旗仪式活动的问题让我陷入沉思，它反映出学校管理上存在缺陷，需要在制度上加以改进，要让每个教师都知道升旗仪式活动的作用和意义。国旗是国家的标志和象征。热爱祖国是每个公民最基本的责任，升国旗仪式不仅是一种形式，更是为了增强对祖国的认同感和归属感。学校举行升旗活动，是对教师和学生进行思想政治教育、爱国主义和集体主义教育的一个重要方式，是师生积极主动践行社会主义核心价值观的一种体现，能够反映出一所学校的精神面貌。全体师生都应该高度重视，严肃认真地做好庄严的升旗仪式活动。现实中，为什么有的教师不重视呢？学校也曾多次要求升旗时每位教职工必须参加，但实际出勤和效果为什么不理想呢？问题出在哪里呢？

在学校干部例会上，我把升旗仪式活动中的问题提出来，请大家讨论分析。讨论后，大家认为，不重视的原因在于学校考勤管理和规矩意识建设上还存在问题，参加升旗仪式的教师和不参加的教师，学校在管理措施上没有区别对待，造成个别教师在思想上不重视，组织纪律意识淡薄，成为升旗活动的"后进生"。也有的干部认为，是部分教师欠缺集体荣誉感、归属感和对学校的认同感，需要通过开展活动增强人文关怀，增强教师内心对升旗制度的认可，让主动参加升旗仪式活动成为全体教师的自觉行为。

经过充分讨论，大家研究出了初步解决问题的办法。一是完善学校升旗活动的管理制度。学校规定周一升旗活动，每位教职工无特殊情况必须参加，因公外出、生病等情况要提前到学校办公室履行请假手续。教职工临时有急事时，可以用电话沟通等方式向办公室请假，事后履行补请手续。同时，办公室做好升旗仪式活动的考勤统计与公布，加强正面宣传和引导，提出举办升旗仪式活动时"学生向教师看齐"的口号，增强了教师的自我约束性和自觉性。二是加强教研组管理考核。把教师个人参加升旗活动与教研组考核挂钩，把教师参加活动出勤情况作为优秀教研组绩效考核的评价指标之一。通过"捆绑式"管理，增强教师集体荣誉感，传导压力和责任，推动团队建设。三是对"国旗下讲话"进行微创新。

改变一直由学生在旗下讲话的方式，由教师和学生交替进行，丰富旗下讲话的内容和形式，营造师生共同参与的氛围，充分发挥"国旗下讲话"的育人功能。四是加强与教师的非正式交流沟通。学校干部利用午餐、锻炼等时间与教师加强交流与沟通，征求大家对升旗仪式活动管理措施的意见和改进建议，取得教师的理解和支持。有的教师提出按照年级、处、室站队参加升旗仪式的建议并得到采纳。

通过一系列措施，教师有了很大改变，积极参加升旗活动。教师们在主席台两侧按照年级和处室站队，面向全体学生。升旗时，教师们怀着崇敬的心情，目视国旗冉冉升起，主动唱响国歌，成为学校升旗的亮点。教师们用行动为学生做出了榜样，把爱国主义教育落在细节之处。

〖反思〗

"没有规矩，不成方圆"，精细化管理是学校发展的基石，管理创新是学校可持续发展永恒的追求。制度管理是学校管理不可或缺的元素之一。学校规章制度是全面落实学校各项工作的基本保障，是学校教职工共同遵守的行为规范。加强学校规章制度建设，增强教师的组织纪律意识和规矩意识，增强制度的执行力，把"在制度面前，人人平等"落在实处，有利于推动现代学校建设，有利于保证组织有效运转，提高学校管理水平，有利于促进学校健康快速发展。同时，在加强制度建设的基础上，要特别加强有温度的教育，凸显以人为本的管理，将学校"和谐发展教育"的办学理念渗透到管理中，突出正向引导作用，激励教师们以积极的心理期待支持学校发展，发挥正能量引领学校发展。学校管理要加强与教师的交流与沟通，在交流中让教师感受到自己是学校重要的一分子，让教师感受到学校对他们的期许和尊重，感受到自身的责任。创新是发展的第一动力，要依靠管理的创新，提升团队的凝聚力和战斗力，不断推动教师队伍建设，促进学校的可持续发展，办好人民满意的学校。

用共情为教师的心灵打上"疫苗"

北京市通州区中山街小学　王晓慧

【案 例】

　　刚刚端起饭碗，一阵电话铃声响起，"王校，我受不了了！要崩溃了……"呜呜的哭声让我的心里一紧，"别哭，别哭！怎么了？发生了什么事？"电话那头，原本性格开朗、做事沉稳的英语朱老师边哭边向我倾诉着她的焦躁不安和慌乱无助。

　　负责中、低年级英语教学的朱老师，工作一贯耐心、细心，一直受到家长们的敬佩。因疫情延期开学期间，朱老师和所有的老师们一样，课前充分备课，准备了丰富的教学资源；课后细心反馈，仔细批改每一份作业，并进行整理、归纳，唯恐哪一个孩子的学习落下。四个班，近180名学生，朗读要纠音，听力要纠错，书面作业要评析，改错要复判。朱老师每天从早到晚，都守在电脑旁边。

　　我认真地听着电话中朱老师哭诉着她的紧张与不安，任由她把所有的情绪宣泄出来。因为我知道，倾诉的过程就是放松的过程。四十多分钟的哭诉后，朱老师的情绪稍稍平稳了，我轻轻问道："那你需要我为你做点什么？""跟您说完，我心里痛快些了，困难我能自己克服！如果实在不行，我再找您。"

　　放下电话，面对桌上的饭菜，我早已经没有了食欲。我又重新拿起手机，"很理解你的心情！正因为你对工作认真，对孩子们负责，才有了你今天的压力。

有困难我们一起克服，有问题我们一起解决，办法总会比困难多……"把一大段文字发给朱老师后，我的心还是平静不下来。疫情之下，线上学习、教师的授课情况、家长会的安排、班会的组织、学生的大体情况……这一切的一切，我似乎是了解得真真切切。每周一期的心理课程，不断地疏解孩子们的心理。然而，怎么就疏忽了要实施这一切的主体——教师们的心理。

第二天，我早早来到学校，在与英语组长的电话沟通中，又了解到朱老师因为精神压力大，夫妻二人气氛紧张，经常拌嘴、赌气。我嘱咐英语组长平时多和她沟通交流，帮她缓解一下压力。其实，在与组长的交流中，我也能隐隐约约感受到这种焦虑和烦躁。

拨通朱老师爱人的电话，真心感谢家人给予朱老师工作上的支持与理解，希望他关注朱老师的情绪波动，能多抽时间与朱老师沟通，帮助朱老师渡过这一难关。

打开钉钉视频会议，我把这周领导班子的会议主题定为"走近—走进"。讨论、研究，联系心理专家，我们要一起努力，在疫情期间为我们的教师们缓解压力。

连续几天，每天一个半天，我和德育领导与一个教研组的教师们"云相约"。因为疫情被拦在了家中的教师们出现在镜头里，聊工作，谈家常，说担忧，讲疫情期间的故事……每一个人似乎都找到了情感的出口和倾诉的对象。几天的时间里，我更多地了解到了教师们的工作状态、心理压力。

2020年4月18日，我邀请到了专门做校园心理工作的专家李廷依老师，为教师们开设了一天的心理热线。李老师悄悄地告诉我，教师们非常可爱，度过这一段特殊时期后，他们会更强大！

随着返校复课时间的确定，学校工会又以"槐园卫生活，健康为你我"为主题，为每一位教师定制了独具特色的健康包，希望教师们能够缓解返校复课前的紧张情绪。

【反思】

众所周知，教师的职责是教书育人，育人的内容又包括育德、育智。心理健康是教师素质的核心要素，也是教师整体素质提高和教育教学质量提高的基础和保障。教师心理的健康发展，不仅是自身的需要，更是学生成长、教育健康发展的需要。如果教师自身缺乏心理健康，又何以能培养出心理健康的学生？

作为管理者，要坚持以人为本，不断改进领导方式，推进人性化管理。要努力为教师营造和谐的内在环境，主动为教师排忧解难，把教师的心理健康发展作为学校管理者研究的新命题。

调任风波

北京市通州区张家湾镇中心小学　许德胜

由于北京城市副中心建设整体规划，东方化工厂及其周边地区拆迁，位于拆迁范围内的张辛庄小学必须撤并，并要在2018年6月完成教师和学生的分流，这其中也包括对校长的安置。

张辛庄小学校长有丰富的管理经验，学校教师队伍团结向上，直到分流也非常稳定。也就是说，让其继续当校长更适合。但是，如果让其继续担任校长，就意味着其他完小校长需要下来一个。相比较而言，枣林庄小学不稳定因素更多，存在着问题学生、问题教师（这是合乡并镇给学校教育所带来的"后遗症"）。这个校长需要被替换下来，但如果直接免职，我担心对她打击太大，她会接受不了，因此决定采用提升交流轮岗的形式，但又牵扯上店小学校长的变动。最终形成了这样的方案：张辛庄小学校长调任上店小学担任校长，上店小学校长调任枣林庄小学担任校长，枣林庄小学校长调任中心校担任教学主任。由于枣林庄小学校长相对年轻，而且变动较大，为了不让她感到意外，我决定提前向其透露一下。于是，在宣布决定的前一周，她到我办公室谈事，我有意跟她说要给她换换工作，我的理由：她的创新意识强，而且是完小教学主任出身，中心校正在实施《教学质量提升三年行动计划》，需要充实中层力量。这样的表述我觉得理由已经很充分了，可她却不认同。她跟我讲，她还是愿意担任这个校长，理由是她对枣林庄小学付出得太多了。她在那里已经工作八年了，学校的一草一木上都有她的汗水。当天没有谈好，第二天她又专门找我谈这个问题。我跟她讲，在一个地方待长了应该动动，而且中心校教学主任这个位置更需要她。我的言外之意是再不挪动，有可能学校内部会出现大问题，到时想动都动不了了。因为近三年，我总是在解决枣林庄小学的矛盾纠葛，包括干群关系不合、家长上访、教师告状等，但这位校长却没有看到这些问题所隐藏的危机，依然自我感觉良好。为了稳妥起见，我又分别与班子成员进行交流，论证调任方案的可行性。班子成员都认为这是最佳方案，有领导班子成员的集体意见，更加坚定了我的决心。

为了走民主程序，我将三位需要调换岗位的校长找来集体谈话。在我说明意义之后，其他两位校长虽然也有不舍之意，但都坦然接受了。只有枣林庄小学的这位校长，哭得跟泪人似的，舍不得离开。看到这种情景，我心里有一种说不出的滋味，没想到这一小小的改革举措阻力会这么大。尽管如此，也丝毫没有动摇我的意志。在例行校务会上提起了动议，通过了任免决定，然后由两名支部委员代表学校到其所在学校宣布任命。尽管如此，这位校长的思想工作还是没有做通。眼看着就要进行工作交接了，如果思想工作做不通，不只影响其本人的当时的心理状态，还会对今后的工作产生影响。怎么办呢？我首先请两位平时跟她关系好的副校长私下对其进行劝说，其次利用北京教育学院伍芳辉教授来校进行心理培训的契机让她参与，使她明确自己大脑出现了临时思维阻断和思维狭窄的心理问题。同时，要求所有班子成员，当她到中心校报到和工作时要给予格外尊重，让其有归属感。最后，就是用时间去抹平记忆的疮疤，给了她一个月的时间进行调整。现在，她欣然接受了新岗位，并决心要在这个岗位上做出自己的成绩。

〔反思〕

　　这是我担任校长多年以来遇到的第一个干部任免难题。在任免之前，我主观上认为，中心校中层领导地位要高于完小校长（因为完小校长相当于中层），调任完小校长到中心校担任教学干部从某种角度上来说是职务提升，本人应该欣然接受。但这次任免，让我重新审视这一观点。因此，我特意咨询当过完小校长的干部。他们的回答是，完小校长有自己做主的权力，而中层干部却没有，这是其一。其二，枣林庄小学校长对学校情况反思不够，她只看到了自己付出的一面，却没有看到学校潜在的隐患和危机，这是她敏感度不够的表现。出现这个问题以后，我也在反思自己，对结果预判不清，主要源于没有站在对方的角度思考。如果事先调查研究多一些，事前用较长一点的时间慢慢渗透调任的意图，可能到真正调任的时候就不会遇到阻碍或出现问题。事后的"亡羊补牢"不如事前的有效预防，这是今后我在管理中应该格外注意的地方。当然，"智者千虑，必有一失"，任何改革和决定都有可能遇到阻力，特别是人事任免工作更是如此。我们应谨记：一定遵循民主集中制原则，采取会议决策，这样才能够最大限度地保证决策的正确性和可行性。

我陪教师去参赛

北京教育科学研究院通州区第一实验小学　陈金香

案 例

"咚，咚，咚"，羞涩的敲门声让我停下了手中的笔。

"请进。"张老师缓缓地走了进来，带着一份犹豫与彷徨，亦如初见她时的样子。我微笑着迎向她，似乎也读懂了她的来意。

"校长，我想跟您商量一件事。我不想，不想去参加比赛了……"张春红老师眼圈有些泛红，声音有些青涩，她的担忧与畏惧，让我不禁有些心疼。张老师拥有扎实的学科素养与教学功底，对待学生满眼都是爱，这让我在初见她时，便发现她的身上有一种待开发的深厚力量。

面对这样一次难得的外出比赛机会，我能理解她的压力与担心。

"有压力，是不是？没关系，我相信你。……这样吧，我陪着你一起去参加这次比赛，你看好不好？"我微笑着，坚定地对她说。

"校长！"她有些惊讶地看着我，泪水不经意滑过她的眼角。"其实，我对课堂的理解和把握已经进行过很多次研磨，我也在这个过程中体会到上一节好课意味着什么。可是，面对比赛，我就是太忐忑了……谢谢您信任我，有您在，我踏实了。"

此刻，阳光照射进房间，异常明亮与温暖，我仿佛看到一束被点燃的光，闪亮在未来的某一天。一个千金重的约定赫然出现在我的行程安排里。

可持续发展大会刚刚结束，我便拉着行李箱直奔机场，只为赴一场与张老师的约定。当我在晚上10点钟敲开她房间的门时，她紧紧地抱住了我，仿佛孩子一般。正式比赛开始之前，我们在宾馆中一遍遍地说课、磨课，就某一个关键点、某一个授课动作，进行一次次修正与改进……不知不觉间，已是深夜。我微笑着对张老师说："可以了，已经很充分了。你要记住：课堂教学本就是千变万化的，尤其是语文。语文课是激发生命活力的陶冶场，处处蕴含着矛盾与碰撞，而正是这些矛盾与碰撞，往往就会生成最灿烂的火花。作为一名优秀的语文教师，就应如同庄子的《逍遥游》一般，随手拿捏、取舍自如，潜行于天地之间、视听于八达之外。我相信你就是这样优秀的语文老师！"

第二天清晨，张老师神采奕奕地站在我面前，我心里清楚：她做到了！当她自信地站在讲台上，我的心舒展了。她把自己与学生放在同一个层面，每一点知识的把握，每一个眼神与动作，都是那么贴切。她完美地诠释了这一节课，羞涩与不自信消失了。我知道她听懂了我的话外音，也战胜了自己。

当评委宣布："第一名，张春红老师……"我为张老师点赞的同时，也感受着那种破壁之后的喜极而泣。

一年后，张老师从一名普通的语文教师成长为区级骨干教师、市级骨干教师，并在不断的历练中成为学校教学管理骨干，担任学校语文阅读项目、友善用脑项目课题研究的负责人，她是被点燃的一束光，同时也正在成为一束点燃其他教师前行的光。

【反思】

　　诸多教育改革的研究报告指出，教育改革成功的关键——校长发挥着关键的作用。这种关键作用最重要的体现之一，是打开教师的心理空间，为其建构一个支持性环境。同时，注意给予教师充足的时间，加强人文关怀，满足他们成长过程中的实际需求，这样才能更好地促进教师的发展。

孙老师的华丽转身

北京市通州区马驹桥镇中心小学　邵学良

{案例}

孙秀峰（化名）老师，东北某师范大学数学系毕业的研究生。他的数学知识和教学能力都非常优秀，自诩为"数学专家"，读书期间多次获得奖学金，曾发表小学数学教学方面的论文一篇。

2012 年，孙老师以"特岗教师"的招聘机会入职马驹桥镇中心小学。入职初期，孙老师工作热情饱满，凭借其扎实的数学知识和专业特长，很快获得了不少奖项和一大堆证书。出人意料的是，在第一学期期末学校数学教学成绩内测时，他所任教的两个班，在全校 20 个同级班中分别是倒数第一名和倒数第二名。和其他教龄相同的教师、一同入职的本科生同伴相比，教学效果差距非常明显。孙老师对这个结果也很意外。

这一结果和他的"高学历"非常不相称。为了帮助孙老师找到原因，助力他的专业发展，我们再次走进了他的课堂。

这是一节"乘法口诀"课。从课型看，精心设计，环环相扣，非常精彩；从互动看，有问有答，小组讨论，一气呵成；从获得看，除一个学生对 8×9不熟外，其他同学都掌握了。后来我们知道，在上这节课前，这个班的学生对学习内容已经掌握了。同一节课我们在他任教的另外一个班听课时发现，课堂设计依旧精彩，师生互动依然流畅。课后在和学生交流时得知，回答孙老师问题的 6 个学生都是班里的"尖子"，并不是所有学生都掌握了这节课的内容。

从孙老师的课堂教学表现和学生学习效果的反馈看，孙老师存在两个明显的"瑕疵"：一是突出"表演"。孙老师的课很"美"，在"教"上花样多，但完全是站在教师角度设计，浮于表面，片面追求形式美，偏离中心，是"花拳绣腿"。二是忽视学生获得。前期缺乏学情调查，教学没有针对性，重复教学生已掌握的内容，学生的"获得"是一种假象。后期不重视反馈与训练，存在学生没有掌握教师却主观盲目认为学生已经全部学会的现象。其结果是"教"与"学"的严重脱节。于是，我和孙老师进行了多次谈话，帮助他进一步学习、理解学校生长教育办学理念。为了帮助孙老师转变观念，我们依据孙老师的情况量身打造了"教、学、评"三位一体的教学模式，在教学过程中做到"依课标、持教材、重学情、可检测"，关注学生的实际获得。

为了尽快促进孙老师的专业成长，首先，我们成立了由校长牵头，教学干部、教研组长、老教师、教研专家共同组成的专业指导团队。其次，我们从问题入手，引导其树立正确的学生观、课堂观、质量观，切实关注每一个学生的成长；针对孙老师的"获得不尽如人意"的实际情况，学校设计了立足课堂的培训。一是指导团队是以督代培，定期走进课堂，课后指导交流；二是以评代培，定期请专家点评指导；三是以学代培，引导其观摩本校优秀老师、外区名师的课，通过观摩借鉴他人经验。

教学干部结合课堂分析了原因，结合孙老师的具体特长和本人愿望，为孙老师制定了个性化的成长方案，每学期根据情况进行微调。经过四年"每天进步一点点"的坚持，他成长为通州区数学骨干教师。目前，孙老师在任课的同时还兼任校区教学主管，正带领更多的教师一同成长。

【反思】

　　不同的教师在教学基本功、教学技能、教学个性、专业发展需求等方面一定都存在较大差异。即使是同一位老师，在不同的成长时期，他的教学技能、教学风格、发展需求也一定会存在很大区别。因此，找准每一位教师的专业起点，为其制定个性化的成长方案，是更好地促进教师发展的关键。

以"梦"为"马"打造梦团队

北京市通州区北苑小学　金万芝

【案例】

近两年，在我们学校，师生提起学校的田径队，总会边竖大拇指边自豪地说："这是我们的梦之队！"言语和神情中流露出来的是无比的自信与骄傲。

其实，我校最初的体育工作面临着诸多问题，包括体育教师素质参差不齐、做事积极性不高、训练场地狭小而简陋、家长不支持孩子参加课后训练等。种种因素导致学校体育工作成绩一直处于区级下游水平，体育教师职业倦怠情绪尤其明显。

这种局面如不扭转，势必形成恶性循环，体育工作会越来越不好开展，教师的工作积极性会越来越低，进而影响到其他教师的工作情绪和信心。于是，我们召开班子会，研究制定改进方案：整顿体育组纪律，加强体育工作管理，对体育教师进行专业培训，成立学校田径队并制定阶梯目标，借助班主任力量做好家校沟通工作。

方案有了，就开始实施。针对体育组个别教师屡次违反劳动纪律的现象，学校严格按照相关制度对其进行了处理，从学校层面施压，让教师将劳动纪律作为自己言行举止的准绳。在整顿劳动纪律的同时，责成体育工作主管领导加强体育课堂教学、课间操及体育训练的管理，保证每一节课、每一次课间操和每一次训练的质量。同时，采用选派教师外出学习、邀请研修员入校指导、师徒结对等方法，努力提高体育教师的专业素质。选拔队员成立学校田径队并制定"三年拿下区田径传统校称号"的奋斗规划。班主任也积极做好与田径队员家长的沟通工作，让家长正确认识训练与学习之间的关系。

经过一个学期的整顿与训练，体育组教师精神面貌大为改观，课堂教学质量稳步提升，田径队训练效果显著，师生及家长对学校体育工作的评价开始发生改变。但这些离我理想中的情形还有一段距离，要想彻底扭转局面，我们还需要一个展示的机会。说话间，就迎来了春季的区级中小学运动会。往年，我们学校基本上没在这样的平台中取得过成绩，只是纯粹的参与者而已。而今年是我们定下目标的第一年，一定要有所斩获！不负众望，我校的田径队一举拿下了区级小学组亚军奖杯。这样的成绩立刻让全体师生无比振奋，原来我们也能如此棒！

成绩的取得也让体育组教师工作比往日更加积极，训练比往日更加刻苦，团队比往日更加团结，他们向着更高的目标努力着。不出意料，北苑小学师生登上了第二年区级春运会的冠军杯领奖台！连续两年的精彩亮相，让兄弟学校对我们刮目相看，更让我们学校的教师扬眉吐气。师生们将学校田径队更名为"梦之队"。

当大家还沉浸在对"梦之队"的佩服、赞扬、肯定和祝贺时，我在思考着如何发挥"梦之队"的辐射引领作用，用"梦之队"的拼搏精神去激励其他教师。嗯，有了，那就以"梦"为"马"，以"梦之队"的成长过程为动力，去激发所有教师拥有梦想并为之奋斗,进而形成更多的"梦之队",打造我们的"梦团队"！

我开始在各种场合中大力表扬体育组、表扬田径队，树立榜样，营造积极向上的舆论氛围，指导各部门主管领导分析教师存在的问题并给出解决方案，帮助每一位教师制定个人成长和发展规划，为师生提供、搭建更多的学习展示机会和平台，以此促成长、增信心，凝聚团队力量。一系列的操作与努力很快就有了成效，教师和孩子们在各个领域均有捷报传来：国家级篮球特色示范校榜上有名、荣获市级"紫金杯"班主任一等奖、捧获区级课堂教学"春华杯"、自主研发出"趣体验，心成长"心育校本课程读本、区级机器人比赛获得冠军等。

现在，我们的"梦之队"正信心满满地备战下一届区级春运会，正在向"区级田径传统校"进军。我校的其他部门和教研组也都在各自梦想的引领下，一路向前，为"梦团队"的美好目标而努力奋斗着。我坚信，这个梦想一定可以成真！

【反思】

回首走过的路，有低谷，也有曲折，但我始终相信办法总比问题多。在我校由"梦之队"到"梦团队"前进的过程中，我认为离不开以下四个因素。

第一，制度管人执行到位。"没有规矩，不成方圆。"学校内部有一套行之有效的规章制度，是一个有生机的团队的基本特征，也是学校开展精细化管理的具体体现。制度就是工作标准，一切按照规章制度办事，就不会偏离正常轨道。用制度管人，按制度办事，就要重执行。一个科学严谨的制度出台后，就要坚持不懈地执行下去。在执行的过程中，要不断增强领导力和学习力，明确职责，加强监督，让教职工的思想和行为尽快适应制度要求，从而实现用制度管人，按制度办事的常态管理目标。

第二，教师成长需要引领。要让教师始终拥有干事创业的积极性，就要想方设法做好教师成长的引领工作。要引领教师确立正确的人生价值取向，用切实的措施激发教师的智慧潜能，用先进的理念引领教师的专业成长。

第三，榜样作用极其重要。榜样的力量是无穷的。"动人以言者，其感不深"，榜样是看得见的"哲理"。只有用鲜活的榜样教育引领人，才能起到春风化雨、润物无声的作用。榜样所释放出来的无形的感染力会引导着人们见贤思齐、向善向上。只有不断传递正能量，才能让学校充满真善美，才能让师生确立正确的梦想与追求。

第四，团队合力才能齐心。只有一个人走得更快，一群人才能走得更远。在学校管理中，必须发挥团队力量才能促使工作顺利开展并富有成效。上到学校领导班子，下到各个教研组，只有团队齐心协力，才能拥有战斗力。

磨心，磨性，磨形

北京市通州区官园小学　黄玉钢

【案　例】

　　近两年，我校陆续新入职了 12 名青年教师。这些青年教师的到来，为学校注入了新鲜的活力，但同时也带来了一个新的问题：这 12 名教师中只有 2 人为教育专业毕业生，其余 10 人所学专业均与教育专业无关。开学前，我就已经意识到必须先让这些新入职的教师尽快适应教师的角色，才能进入课堂上课。因此，在开学前，我让教学副校长对这些青年教师提出工作和生活上各项要求，对他们进行业务培训，并且采取导师带教的形式给每位青年教师都配备了一位师傅。开学第二周，我与教学干部怀着忐忑的心情走进青年教师的课堂听课。我们可爱的小王老师像大教授一样滔滔不绝地讲个不停，再看我们的孩子有的一脸木然，有的根本不听课。课堂上，教师全然不顾这些情况，只站在讲台上"寸步不离"自己的"一亩三分地"。一轮听课下来，我们坐在一起交流听课情况。大家眉头紧皱，一致认为青年教师的课堂教学还远远达不到学校教学要求。特别是我校的教学质量一直名列前茅，青年教师的成长对学校未来的发展起着至关重要的作用。冷静下来后，为了让青年教师尽快站稳讲台，大家决定采取"磨课"的形式加快青年教师的成长。

　　我们把每个教研组确定为研究小组，教研组中包括各级骨干教师、青年教师和所有本学科教师，每个教研组每个月进行一次磨课活动。一轮青年教师自己备课、上课，组内进行听课、评课，修改教学设计。二轮青年教师反思再次上课，同学科小组进行听课、评课，再次修改教学设计。三轮青年教师重构再次上课，全校展示。每一轮，一位教师对同一教学内容经历至少三次打磨，有的教师要进行四五次打磨。每轮都经历研课、听课、反思、重构这样多环节的反复操作。在磨课过程中，同学科教师和不同学科教师都可以参与其中。如此多样的研究，如此浓烈的氛围使"磨课"活动为我们的教研活动注入新的活力。同时，我们在"磨课"过程中逐渐发现，不仅仅要关注"课"，更要直面教师，使"磨课"变为"磨人"，主要分为"磨心""磨性"和"磨行"。

　　"磨心"是指让青年教师做到心中有学生。青年教师通过录像观察自己的课堂，观察课堂中的学生，学生学习中的那些喜怒哀乐，那些从冲动到默然的表情深深触动每一位青年教师；"当你是那个学生、当你准备学习这样的知识时、当你被老师拒绝时……你会怎样想？"在回答和讨论这样的问题中，每一位教师体会到了谁才是课堂真正的主人。以换位思考去审视和挖掘教学内容，组织教学过程，实施适当的评价。以放低心中的教学设计去关注学生课堂的表现和生成，是青年教师在磨课中感受最深的转变。

　　"磨性"是指打磨青年教师的灵性。在磨课的活动中，对细节的研磨就是在启迪每一位教师的灵性。每一位参与的教师都好像是上课教师的另一双眼睛，每一个细节都会被这一双双眼睛捕捉到。通过课堂回放和大家的研讨，大大提升了上课教师的课堂捕捉能力。同时，"我会这样处理"的交流，又让大家真实地体验到了课堂处理技巧。伴随着课堂打磨的持久进行，灵性的课堂不再是名师们的专利。

　　"磨形"是指打磨青年教师的教学风格。磨课的过程在骨干教师或者专家的指引下，青年教师有更多的机会体验他人的教学理念。同时，青年教师通过不断地磨炼和平时的课堂教学感悟，可以时刻审视自己对教学的理解，慢慢形成属于自己的教学主张。这样的主张只要符合学生的发展、符合学科的要求，就能成为自己教学风格的基石。

从最初简单地磨一节课，到重新定位"磨课"的价值，把"磨课"变成"磨人"。一个学期下来，磨课收到了良好的效果，青年教师成长迅速，不仅能够站稳讲台，而且他们的课例、教学设计多次在区级获奖。

〖反思〗

从学校教学管理角度看，青年教师的成长不仅关乎教学的发展，更直接影响着学校的发展。把"磨课"活动移植到平时常态的学科教研活动中，使学校管理者看到了"磨课"在促进教师（特别是青年教师）成长方面的意义。

从青年教师自身成长的角度看，常态化磨课活动的开展正是要在学科教学中完善对所有青年教师的培养，而只不是为了打造一堂优质的课。活动中，大家关注方向和内容的改变真正在促发"人"的改变，使"磨课"变为"磨人"。

常态学科教研活动下的磨课，已经不是为课而磨课，我们关注的是教师的专业发展。如果说"磨心"是帮助青年教师树立心中有学生的教学理念的话，那么"磨性"是教学技能的锻炼，"磨形"则是对教学风格的打造。无论是哪个环节的培养，只要我们在磨课的过程中多方位、多渠道去打磨，必定会发挥出磨课真正意义上的价值，实实在在让青年教师在磨课的过程中获得更多有意义的教学体验，更好地促进其专业发展。

"小"研究解决"大"问题

北京市通州区永乐店镇中心小学　陆桂臣

案例

在日常听评课时，常常遇到这样的现象：教师授课中的一些问题，常听常有，常评常现，年复一年，课复一课；面对市、区级的教科研课题申报，教师们困难重重，找不到研究问题，无从下手。即使申报了课题，也是为了研究而研究，"成果"根本解决不了教学中的问题。

这样的问题该如何解决呢？对此，学校开展了两步走的"草根式"校本小课题研究活动：一方面提高教师研究能力，另一方面以研究来解决教学中面临的常见问题，希望通过"小"研究解决"大"问题。

第一步，落实课后反思，培养教师的反思意识。让教师反思教学中的不足与问题，并在教案后书写清楚。每次听评课时及时检查，定期组织交流，对照了解教师的改进情况；然后以小课题研究为抓手，组织教师进行总结反思，将反映出的共性问题立为小课题，进行专题研究。

第二步，制定"小课题"研究方案，逐步提升教师研究能力。学校制定了"以小课题为抓手，提高教师研究水平"的镇级活动方案，开学初发到每位教学主任手中，让全体教师了解此项活动。

第一，依据"小步子、低台阶、快节奏、求实效"的原则，鼓励教师从教育教学中的小现象、小问题、小策略入手，发现身边问题，以小见大。通过讨论立项为"小课题"，开展实实在在的研究，引导教师树立"问题即课题，反思即研究，成长即成果"的教研理念，逐步提升研究能力。

第二，青年骨干引路。让骨干教师结合自己的课题，细致讲解如何进行课题申报。通过教研组为所有教师进行选题、申报的专项培训，把自己在教学中反思的困惑、问题进行梳理提炼，作为自己的研究课题。

第三，学校还利用微信群，及时进行线上阶段小结，交流反馈；建立教师个人的小课题资料袋，积累、留存研究资料；定期组织表现突出、具有一定研究成果的老师在教师会上做经验介绍、进行阶段成果展示。

经过一年多的实践，学校已有30多名教师有了自己的小课题研究成果，并积极参与市、区课题立项。目前，有10余项小课题、一项市级课题、五项区级课题正在研究中。慢慢地，教师的教科研意识发生了改变：教师学会持续地关注某个教学问题，并积极地寻找解决问题的方法，把自己解决这一问题的过程总结出来；通过反思，更新了教学观念，提高了教学水平；同组教师经常在一起讨论问题，碰撞思维，形成了自己对教学问题的独到见解，也丰富了写作素材，撰写论文水平得到了明显提升，多篇教育教学论文获市、区一等奖、二等奖、三等奖；通过开展小课题研究，课堂上学生的主体意识体现得越来越充分，教师更加关注学生的学习过程，学生通过自己提出问题、与同伴合作探究、生生质疑等方式解决问题，思维能力和语言表达能力都得到了明显提升。

【反思】

教学是教师的一项创造性劳动，是在不断地发现问题、解决问题的循环往复中完善提高的。而教学研究正是从正视问题开始，最终解决问题的。正可谓

"教而不研则浅，研而不教则空"。而小课题研究既是解决教学问题的有效途径，又能从感性理解上升到理性研究。

要想做好一名小学教师，光有"低头拉车"的"老黄牛精神"是远远不够的，高效课堂如何实现？要从问题开始，校长要和教师一起发现真问题，开展真研究；要从"小"入手，从"小"角度研究"大"问题，"浅"入"深"出地开展研究活动。

如何才能推动教师通过研究解决自己教学中真实存在的问题呢？关键就在于避免为了研究而研究，要找到适合教师研究自己教学中的真问题的研究模式，"草根式"小课题研究正是适合一线教师的研究模式。小课题研究是以教师在自己的教育、教学实践中遇到的问题为课题，运用教育科研方法，教师个人或几个人合作，在不长的时间内共同研究并取得结果。其研究结果可以直接被应用于教师的教育、教学实践工作中去。这是一种"草根式"的小型化研究，是一种"自下而上""土生土长"具有校本气息的研究。

真正科学的东西总是简单而又深刻的。只要我们勤于记录其中出现的小问题、解决问题的小方法，积累下收获的点点滴滴，就可以从"教书匠"转变为"研究型教师"。

从"成熟"到"成长"

北京市通州区东方小学　何永彤

【案例】

　　2019年，学校进行了职称评定。按照《教师职称评定管理办法》，我校对申报一级的13名教师进行了考核、评审。最终，学校根据考评分数排名推选出8名教师上报。结果公示后，落选的汤老师找到我，想说说她的想法。这位43岁的数学老师从农村校调入东方小学已经十余年。她一直勤勤恳恳、默默耕耘，虽没取得太多成绩，但20多年的教学积累了丰富的经验，所带班级的数学成绩也在年级前列。这次是她第三次申报落选，想必心里一定很不舒服。刚一落座，她便哭诉起来："何校长，您说我都这么大岁数了，还评不下来职称。我都没心气儿干了！"我连忙安慰道："别这么说，你一直很优秀，在岗位上干得很好。这次没评下来，还有下次啊！""咱学校岁数大的老师多，年龄上不占优势。可我同学在别的学校早就评上了。本来区里做课的机会就少，我们这么大年龄的教师人家都不考虑给机会，这方面的成绩就更难得了。照这样下去，我得熬到什么时候啊……"

　　汤老师的哭诉，道出了一批和她的情况相似的教师的心声。职称名额稀缺和教师基数增加，使很多工作十年以上的成熟期教师在评职称无望的怨声中渐渐失去了对工作的热情与斗志，产生职业倦怠，专业发展遇到瓶颈期，止步不前。年轻教师的快速成长，也使他们倍感压力，对自身能力产生怀疑。看似是职称问题，实际反映出的却是教师的专业发展与自身价值认同的问题。不仅是未取得职称的教师有这样的问题，取得一级甚至是高级职称的教师也存在这样的问题。取得职称的教师两极分化日渐明显：一部分有理想、有追求的教师在丰富的积累中逐渐形成自己的教学风格，他们的课堂高效而灵动，教学效果显著；而也有一部分教师在取得一级职称后表现出"无欲无求""不思进取"的状态，靠着已有的经验教学，缺乏创新性，在安于现状的同时也影响了学生的发展。

面对这样的问题，作为一校之长，我应该怎样做才能促使这些教师专业发展的二次成长，进而带动学校教师队伍整体提升呢？我陷入了深深的思考。

随后，我将这个问题和班子成员共同探讨，就我校教师队伍现状进行了调查。通过个别访谈和问卷调查发现，我校成熟期教师的专业发展优势很明显：专业对口，学历达标；教师队伍素质好，专业能力比较强。我校骨干教师比例占35%，中级以上职称教师占62.6%；专业成熟期的教师占70%以上，数量较多，经验丰富，能够发挥"传、帮、带"作用。而存在的问题是，教师易产生职业倦怠；师资内在结构性不足，表现为经验型教师多，研究型教师少。成熟期教师获取更多专业技能的指导、高层次引领是我校教师发展的迫切需求。

针对以上情况，我校尝试以建立"特色教师工作坊"为路径，以案例研究为载体，引领成熟期教师致力于专业发展。我们的培养目标：抓课题研究，形成教学特色，使他们尽快成为研究型教师，在研究中体会到职业幸福感。

上学期，我申报了课题"小学成熟期教师专业发展实践研究"，通过实践研究，寻找成熟期教师专业发展新途径，在实践研究中积累经验。该课题被立为北京市"十三五"规划课题和通州区重点课题。2018年6月7日，在我校举行了该课题的开题论证观摩会，北京教育学会钟作慈教授对该课题进行了亲自指导，肯定了"特色教师工作坊"的研究价值。随后，我们课题组成员通过讨论确定了成熟期教师培养措施：一是参与课题研究，促进教师教学风格的形成。二是发挥示范引领作用，通过带教指导，培养青年教师。三是搭建展示分享平台，通过特色教师展示课、"东方教育论坛"等学术交流活动，分享教育教学经验。四是推荐优秀成熟期教师参加市、区级骨干教师评选活动，或进入区学科中心组和名师工作站，为他们提供更大的发展空间。五是建立奖励机制，对入坊教师在职称评定上给予适当加分。在"特色教师工作坊"启动大会上，我向全体教师宣讲了该课题的方案。教师积极性很高，纷纷参与"特色教师"的申报工作。

上学期，学校主要从以下三个方面对成熟期教师进行培养。

第一，目标激励，提升成熟期教师的专业素养。我们通过设置榜样来引导、激励教师，增强成熟期教师的专业信念和成就感，促进成熟期教师专业素养的提升。学校举行了"我的专业成长之路"报告会，展示优秀教师的教学风格形成过程，鼓励成熟期教师与优秀教师找差距，激发成熟期教师自我超越的意识和决心。

第二，经验分享，增长成熟期教师的专业知识与技能。我们选择骨干教师讲授录像课作为案例展示给成熟期教师，并将案例展示的主题、重点内容及讨论的问题以表格的形式提供给观课教师。观课后，教研组内进行交流分享，集中关注案例中授课教师的教学机制、教学策略。这有助于将隐性的实践性知识显性化，促进专业知识和技能的提升。

第三，专家引领，指导成熟期教师挖掘自身特色，成为"特色教师"。我校聘请科研部门专家和名师工作站的导师走进"特色教师"的课堂，对"特色教师"进行诊脉。帮助"特色教师"深入挖掘自身特色，引导其形成自己独特的教学风格。

【反思】

"特色教师工作坊"只是学校教师队伍建设过程中尝试的一个新途径。在职称评定受限制的现状下，通过这一途径可以消除成熟期教师的职业倦怠，激发他们的工作热情，使他们的自身价值得到认可，进而促进成熟期教师的专业成长。通过半学期的实践研究，我校成熟期教师和"特色教师"的专业发展取得了明显成效。

第一，教师的专业能力显著提升。"特色教师工作坊"组织的公开课、观摩课、汇报课活动，使成熟期教师有了更多相互学习的机会。在听评课的过程中，特色教师的课堂教学在规范的基础上有所创新，他们的教学风格特色已初步形成。其他成熟期的教师在听评课的过程中，找到了自己的优势与不足，通过坊内教师的示范指导，其教学能力也得到了提高。

第二，教师的学习能力不断提高。"特色教师工作坊"为成熟期教师搭建平台，将专家请进来，让我校教师有机会了解教育前沿理念，改变传统教学模式。通过组织读书交流活动，教师间分享读书心得，进行思维碰撞，老教师的教育理念发生了改变，学习能力不断提高。在新理念的引领下，很多教师开始突破自己，改变传统教学模式，使课堂教学变得更加高效。

第三，教师的科研意识开始形成。"特色教师工作坊"的每位教师都要负责或参与一项课题研究，这使成熟期教师不得不去研究和思考，逐渐形成了科研意识。很多从来没做过课题的老教师，在特色教师的带领下，开始进行实践研究，有效地促进了其教育教学水平的提升。

第四，教师的自我价值得以实现。工作坊的每位成员都承担带徒弟的任务。通过师徒结对，发挥了"特色教师"传、帮、带的作用。带出一批具有东方特色的骨干教师，不仅全面提升了我校教师素质和专业化水平，实现教师的阶梯式成长，而且使成熟期的"特色教师"的自我价值得以实现，具有成就感。

教师专业能力的提高是学校前进的动力源泉和根本支撑。"特色教师工作坊"刚刚起步，我们还有很长的探索之路要走。因此，我们要与时俱进、总结经验、拓展途径，使我校成熟期教师不断成长，专业能力不断提升，跟上教育改革的步伐，实现学校办优质教育的目标，为北京城市副中心建设提供优质的教育服务而努力。

"带刺才子"转变记

北京小学通州分校　刘卫红

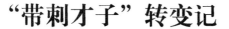

2013年7月，郭老师由一所农村中心小学调入北京小学通州分校（以下简称"北分"），承担书法教学工作。他是通州区业内知名的书法教师，我期待他的到来能给北分带来新鲜血液，期待书法教育在北分生根发芽。初来的他，带着朴实真诚，不太善谈，但看得出他对书法的执着与热爱。因为有期待，我很关注他，但是很长时间不见他在教学和教研上有所动作。悄悄关注他的朋友圈后，我发现郭老师在朋友圈里经常有一些偏激和不理智的言语。看得出来，他直率的性格，对其言行所带来的负面影响不敏感。走进教研组了解情况时，同组教师反映，郭老师只做自己想做的事，如每天练字，事不关己，高高挂起；思想自由，言论不积极，团队意识不强，如每周五的教研活动郭老师从不参加。看来，郭老师并未融入这个集体。

我反复思考，郭老师是独一无二的专业人才，有才华，但为什么表现出来的却是负能量？是什么原因阻碍了他正能量的发挥呢？我和班子成员一起分析原因：郭老师在书法专业上是佼佼者，通过自己的努力，有成绩，有知名度，内心很骄傲，难免在言语和行为上有所体现；他一直在农村中心校工作，自己的成绩不被认可，发展诉求达不到预期目标，很苦闷，很压抑，怀才不遇，养成了随意发泄不良情绪的习惯；长期的书法练习，使他养成了专注的习惯，但也使他"两耳不闻窗外事"。大家得出了一个结论，北分的活力文化没有被郭老师认同，因此他从心理到行为都拒绝融入。面对这样的现状，学校能为郭老师的提升与发展提供什么样的支持呢？

管理团队一起制定策略，走进郭老师的内心，为其提供服务，做出支持计划。我们决定实施"赋能四步走"：一是正面引导，文化熏陶；二是立足需求，精准满足；三是人尽其才，施展才华；四是提供平台，创新激励。接下来，我们开启了赋能之旅。

作为校长，我先出马与他进行深度交谈，验证了我们的分析是对的。我诚恳地与他分享我所认为的一名中年教师成熟的标志——体现在其思想的厚度、宽度和广度。只有学生的成长成才，才是教师成功的标志，学校中教师言行的正能量是促进教师自主成长的关键力量。在谈话中，我鼓励他，北分是施展才能的大舞台，表达了学校班子对他才华的肯定和期待。学校会在财力、物力和时间等方面支持他的发展需要，职能部门也会齐心协力满足他在教育教学中的需求。比如，总务部门创造条件满足郭老师的书法教学和个人学习的物质要求；教学部门邀请市、区级教研员入校听课指导，提升郭老师的课堂教学水平；同时指导他成立书法社团，负责教师三笔字完成和评价工作……

一个学期过去了，我们发现郭老师变了。不合适的言论不见了，他精心设计每一堂课，让学生喜爱书法，参加书法比赛的人数多了，获得的奖项高了。每堂课，学生临摹的好字都被他及时展示出来，形成了一道亮丽的风景。每学年寒假开学，郭老师组织社团的学生写春联、送春联、解春联、贴春联活动，校园里一片红火景象，师生脸上洋溢着幸福的笑容。从此郭老师的社团展示活动成了北分寒假后新学期开学仪式上的一个保留项目，着实为活力文化增加了浓重的一笔！郭老师融入了北分的活力文化！

2017年，秋季开学不久，我巡视来到书法教室，看到教室里张贴了很多郭老师自己书写的作品，还有一些是学生的获奖佳作，显得杂乱、拥挤，根本摆不开。我向他了解学习书法的心得和成长历程，闻听他坚持十几年收集砚台，目前已累计两百多方，我很震惊，同时佩服他对书法艺术的追求与坚守！走出书法教室，我想这么好的老师，怎样让他走出教室、在更大的平台上发挥作用、影响更多的师生热爱传统文化并在北分传承发展下去呢？为此，我组织召开了干部会，专门研究这个问题。干部们大谈郭老师在北分的跨越式发展，几年的历练，郭老师在各方面都有了长足的进步，多次协助学校完成课程展示和书写任务，多次组织学生在市、区级大赛中获奖……何不为郭老师建一个工作室呢？既可以让他的丰厚收藏和学生的优秀作品有展示的地方，还可以成为学校对外交流的一个窗口。班子达成了为其建立工作室的共识。

之后，我和总务校长在校园里找地方，携同施工方与郭老师一起设计装修方案。我找书法家黄君先生为工作室书写名称"枕砚阁"（郭老师自己起的名字）。郭老师忙得不亦乐乎，撰写自己和工作室介绍，为每方参展砚台写说明，收集学生作品，干部们也积极帮助郭老师审阅文字材料……经过半年的筹备，工作室于 2018 年 1 月 23 日揭牌了。郭老师不断地给我们带来新的惊喜，他在篆刻上也很有造诣，篆刻社团成绩显著。总务校长提出，制作两排展柜，展出郭老师和学生的篆刻作品，同时把工作室通过装修工艺扩充到楼道。就这样，传统文化区域形成了，严肃中不失活泼，成了师生流连忘返之地。从此，枕砚阁成了通州区书法研究常驻基地，常有文人墨客造访。

每天我都能看到郭老师凝心苦练的身影，看到他和徒弟们切磋技艺、指导别的教师练习书法的感人场景。枕砚阁也给外国友人、访学来者留下了深刻的印象，同时成为艺术组教师成长的摇篮。"枕砚阁主"郭老师为学校发展做出了突出贡献。2018 年 9 月 10 日，通州区区长走进北分慰问教师，前一天郭老师给我打电话，他说："明天领导来咱们北分慰问教师，我觉得是上级肯定咱们学校的工作，我能不能和学生写几副字送给领导，展示一下我们的课程和活力风采？"

我特别感动，郭老师能够主动担当，为学校发展和学校声誉尽心尽力！领导们来到枕砚阁，郭老师送上自己和学生的佳作，讲解砚台的发展历史及端砚和歙砚的区别。他侃侃而谈，底蕴深厚，得到了领导的高度赞扬！事情过去两天之后，我在朋友圈看到郭老师发的照片与感言，他说："工作快 20 年了，今年的教师节是我最快乐的一个节日！感恩北分的培养，感谢领导的肯定！人生的价值不是金钱多少，而是你做出多大的贡献，你培养了多少成功的学生！我骄傲，我是一名北分书法教师，我会更加努力工作！"

【反思】

郭老师从"带刺的能人"到大放光彩照亮学校的"枕砚阁主"，对其五年的发展历程，我和干部团队有深刻的感悟。

一是校长要清醒地认识到，学校的领导者所传递的价值会影响到干部和教师。教师和学生性情各异、形形色色。他们都是真实的人，人性有天使般美好而积极的一面，也有消极的一面，当校长要懂得尊重和包容，重视人性化管理，若天使常常醒着，就会推动学生不断往前发展。激活教师潜能，激活教师发展原有动力是校长的使命。在这个过程中，校长和干部团队统一认知，在改变教师的同时，也提升了干部的教育力和领导力。

二是每一位教师在工作中都有快乐和烦恼的地方，学校要通过建立机制、出台制度，关注到他们的长处和困难，了解他们真实的发展需求，这样才能有效发挥正能量，促使他们去做充满正能量的事。因此，要灵动地管理，着力点在哪，哪里就会枝繁叶茂。

三是人本管理。学校领导要多看教师的优点，更多地去研究应该给教师搭建什么样的平台，如何才能激发他们最大限度发挥能动性，一个都不能放弃，最终才能建成团结向上、充满活力的教师队伍。

"90后"遇上"80后"

北京市通州区台湖镇中心小学 郝冬华

案例

2018年寒假刚过几天，就有一名一年级家长反映老师拧孩子脸的问题，声称孩子已经受到心理伤害。我立即向家长了解孩子的情况，向教师了解事情的来龙去脉。原来这是20天以前的事情了。孩子在和家长玩耍的时候无意中提起了这件事情，引起了家长的关注。其实，那位新参加工作的年轻教师并没有拧孩子的脸，只是因为课间教师在和孩子说上课听讲的问题时，孩子没有面对面认真听老师说话，老师爱抚地把孩子的脸扶正，让孩子误解成老师拧他了。但是，家长就信了孩子的一面之词。

我把家长找来面谈，开始她的情绪很激动，态度也很强硬，历数这位教师一学期以来针对他家孩子的四种错误做法，要求学校一定要处理这位年轻教师。我先安抚她的情绪，然后摆明事实，从多方面讲清利弊关系，晓之以理，动之以情。最后，我终于做通了家长的思想工作，并打消了她对孩子今后可能受此事件影响而被老师忽视的顾虑。我又与那位新教师谈话，提醒她注意低年级学生教育工作的方式和方法。从2018年3月到现在，孩子在这位新教师的教育下，在学校各方面表现都很好，学习也有很大进步。家长终于肯定了这位新教师的工作。

【反思】

　　现在为什么频频出现家长反映学校教育问题的事件？尤其是低年级学生家长反映问题居多。从我校的情况来看，大部分问题涉及作业和体罚。分析原因，我校地处快速建设的城乡接合部，经过拆迁后，家庭财富快速增长导致人们自我意识膨胀，尊师重教的教育意识被削弱。更主要的是，低年级的家长正处在30岁左右，大多是"80后"独生子女，有固执任性的一面。新教师多数是年轻的"90后"，更有"90后"自我的一面，虽然这批"90"后新教师有高学历，但专业性不够，并且处理家校矛盾的经验不足。"80后"家长遇上"90后"新教师，格格不入，自然容易出现家校矛盾问题。我校采取的措施：加强干部培训，提高教育教学管理水平，提升学校教育品牌；加强教师培训，提升其教育教学专业素质；加强家长培训，传授家教知识，提高家长的家教水平；加强学生习惯养成教育，提高教育效率。经过一段时间的相互适应之后，发生在年轻教师身上的家校矛盾有了较明显的缓和。

教师们笑了

北京市通州区宋庄镇中心小学　武志松

【案　例】

　　我国从 2009 年启动中小学教师职称评审制度改革试点，2011 年起试点范围开始扩大。这项改革的重点是将原来独立的中学教师职务系列与小学教师职务系列统一并入新设置的中小学教师职称（职务）系列。在职称等级上，设置从正高级职称到员级 5 个等级，依次为正高级教师、高级教师、一级教师、二级教师、三级教师，与职称的正高、副高、中级、助理、员级相对应，并完善与之相配套的评价标准和办法。

　　职称评审（简称"职评"）工作涉及每个教师的个人利益，是所有教师关注的问题。职评改革开始试点的时候，这个问题就是教师们茶余饭后的谈资，成为中心议题。有的教师无奈地说："我还有三年就退休了，拼不过年轻人了。算了，拿着一级职称退吧！"有的管理干部说："自从我干上管理，就没什么成绩，做的都是成就别人的事，都服务别人了。"有的教师说："别胡思乱想了，听天由命吧！"而有的教师开始拉关系、想办法，企图通过某种关系，获得"照顾"。教师们对职评改革的无奈、消极态度及个别人的不正当的做法使我陷入了深思。

　　怎样才能通过职评既把各个层面教师的积极性调动起来，又公平、公正、公开地防止"暗箱"操作呢？学校领导班子经过多次调研、讨论，制定了职评改革方案，把高级指标名额分成三部分，五年内退休的教师占 50%、管理干部占 30%、中青年教师占 20%。在城里、农村、中心小学中，我们的高级指标不敢说是最多的，但是也是排前面的。我们的目标是让"岁数大的，不管是干部还是一级教师，都有一个好的归宿"。年纪大的老师很少有区级课，因此，学校又制定了《关于联片交流课活动的说明》。因为在职评中，片内交流课也视为区级课。作为一所学校的领导，我们不仅要关心年轻人的成长，因为他们是学校的希望、学校的明天；同样，我们也要关心年长教师的工作和生活，因为他们曾经为这个学校做出过巨大的贡献，这样的人我们不能忘！不同层次的教师都有晋升高级教师的机会，这个政策一出台，教师们都笑了。

【反思】

作为领导，要处处为职工着想，要有服务意识。职评问题具有很强的政策性、操作性和社会敏感性，处理不好就会引发很多的矛盾，我们深知这一点。所以，我们在对待这项工作时，要脚踏实地深入群众中去调查，听取他们的心声，以便真实地了解不同层面教师们的想法，制定切实有效的政策。

职评政策的出台，促进了教师队伍的稳定。老教师心里暖暖的，在职业生涯的后段，学校仍然关注他们的需求，在最后的几年，一定好好干，做好传、帮、带，有一分光发一分热；中年教师有的已经产生了职业倦怠，但是职评政策也使他们眼前一亮，改变了工作状态；青年教师更是干劲儿十足了。总之，不管处于什么层次的教师，大家因为看到了希望，所以都有了自己奋斗的目标，能够心情舒畅地投入工作，而且"不好意思不好好工作"，认真工作已经成为每一位教师的自觉行为。教师职称评定工作更加规范有序。

教师笑容背后隐藏着什么？是对我们领导者、决策者工作的满意与认可。

停一停，未来更精彩

北京第二实验小学通州分校　谢希红

【案例】

2012年9月，我校正式建成并投入使用。由于是新建校，所以在开学前的半年时间里，学校筹备处的几位领导一直忙于新教师的招聘工作。在一次招聘会上，几位领导不约而同地相中了一个名叫阿黎的女孩，她是中文系研究生毕业，个子不高但面容清秀，自信的神态中透着干练，进一步的试讲更证实了她绝对是一名优秀教师的种子选手。

阿黎就这样成了我校第一批教师中的一员。对于这些新教师，学校领导殷殷呵护、倾心指导，同时邀请各级专家进行针对性诊断并制定发展规划。阿黎潜心学习、勇于实践，加之出众的领悟能力，很快在新教师中崭露头角。入职的第二年，她的语文课就得到了区教研员的认可，并成功讲授了区级研究课。同时，她的班主任工作也做得有声有色，获得北京市班主任基本功评比二等奖。接下来，阿黎的发展更是顺风顺水，多次承担市、区级的研究课、展示课，并在市、区级各类比赛中获奖，论文也在专业刊物上发表。

就在大家期待着阿黎更上一层楼的时候，她却慢慢变了：曾经每时每刻神采飞扬的她没有了生气，精神萎靡；曾经主动争取承担研究课任务的她，教研员给的市级展示课的机会也被她拒绝了……阿黎怎么了？

我找她谈心，没说几句话她哭了。她说自己太累了，日常的教育教学工作已经非常繁杂，还要完成研究课、课题汇报等很多工作，这几年几乎每天都很晚才能休息，精神压力特别大，时常处于焦虑状态。尤其是近一阶段，总觉得干什么都没心思，总感到自己特别委屈。

为了减轻她的压力，新学期开学时，我将本该教六年级的她转到一年级，并有意减少她日常工作外的其他任务。通过青年教师沙龙、爱的分享等活动加强教师间的交流，给她提供诉说心事的机会。

同时，我鼓励阿黎以积极的心态面对压力。任何工作都有压力，关键的问题不是压力的大小，而是面对压力的态度。要学会自我调节，放大成功和快乐，减少消极情绪的影响。

此外，针对青年教师集中呈现出的压抑、焦躁、抑郁等各种不良情绪，我联系了中国心理学普及委员会"心教育"平台，邀请到专业心理教师帮助教师释放压力、调节情绪、调整心态、暖心赋能。活动中，心理专家用一个名为"你真棒"的小游戏让教师放松心情，提高熟悉度，成功活跃了气氛；随后，让大家闭上眼进行心理放松。在舒缓的音乐中，教师尝试与自我对话，关注被忽略的内心世界；接下来，组织每组教师构建心理沙盘，并鼓励他们分享自己的故事，从而释放内心的压力。教师还为组内队友挑选小礼物，并互致祝福。在分享环节中，阿黎表示通过这次活动释放了在教学工作中积攒的压力，增强了自身的幸福感，内心充满温暖。

一年的时间，阿黎不再是闪耀的明星，她在平实的工作中不断调整，重新拾起了曾经的自己。她主动找到我，反思自己的心理过程。她说自己成熟了，学会了如何减压，如何正确面对自己。新的一学期，阿黎又回到了高年级语文教学队列，她更加自信，重新绽放出了光彩。

作为管理者，我意识到提升年轻教师的业务水平、职业素养，使他们尽快对工作得心应手固然重要，而对教师进行心理疏导使他们愉快工作、享受职业幸福同样不容忽视。心理辅导活动的良好效果使我更加坚定了对教师进行心理疏导的决心。从此之后，我校的心理健康教室正式对教师开放，教室中有各种器具帮助教师发泄不良情绪，有专业的心理教师协助解决教师的心理问题。就这样，笑容又回到了教师的脸上，他们以饱满的热情投入教育教学工作中，使各项工作事半功倍。

【 反 思 】

透过阿黎的成长，结合学校青年教师队伍建设，我有以下两点思考。

一是教师的发展不要急于求成、急功近利。每个人的成长都不是一蹴而就的，都需要一个过程，一味地向前有时反而迷失了方向。要适时让教师停下脚步，让他们有时间回望来时的路。只有这样，他们才能更好地向前，演绎更精彩的自己。

二是要关注教师的心理健康。有关专家介绍说：中小学教师是一个心理疾病的高发群体。仔细想来，造成教师心理压力大的原因主要有以下几点：首先，教师工作实际上是一种持续紧张的高强度的脑力劳动，需要高度的自觉性和积极性，因此易孤僻和感情抑郁，进而引发其产生心理问题。其次，教师扮演的是为人师表的角色，他们接受了"人类灵魂的工程师"这一职业，就不得不尽量满足人们对这个神圣职业的要求，因此他们常常掩盖和压抑自己的一些真性情，从而造成其心理失调。学校管理者应关注教师的情绪心理状态，采取灵活、丰富的工会活动，让教师有释放自己心理压力的渠道。

一次擦玻璃引发的风波

北京市通州区玉桥小学　张利华

【案例】

　　我校王老师是一名战斗在教学一线的老教师，她为人心直口快、工作勤恳。在一次迎检擦玻璃时，她因头晕摔倒，学校领导及时到场，叫了120救护车，把王老师送到医院，经救治诊断为"自发性蛛网膜下腔出血"。因救治及时，王老师的身体康复状况良好。之后，王老师向学校反映自己因在学校摔倒，应按工伤处理。学校也多次与工伤认定部门协调，答复是王老师因病摔倒，又没有擦伤，不能认定为工伤。由于我工作事情多，所以与工伤认定部门的协调结果还没来得及和王老师交流。

　　一天早上，我接到王老师的电话，说有话要当面和我谈，我答应了。王老师按约定的时间来到我的办公室。"王老师，身体恢复得怎样？学校的领导、老师，还有你们班的学生都很惦记你。"我笑着对王老师说。"老师、学生惦记我是真的，领导可没把我的事放在心上。""我是在学校发病摔倒的，学校就该承担责任。怎么申报工伤保险的事就一直没有结果呢？这事有人去帮我办理吗？"至此，我明白了王老师此次约我谈话的目的。看到王老师情绪激动，我起身沏了杯茶放到她面前，笑了笑说："身体要紧，千万不能激动。你提出申报办理工伤保险的事一直是我在办理，其间我电话咨询不下几十次，到多家相关单位当面去说明情况不少于十次，工伤科最终答复是你的这种情况是因病引起的摔倒且没有任何外伤，故不在工伤认定范围之内。"接过我递上的茶杯，王老师情绪平静了一些，她说："可是我也找相关人员咨询过，跟你的说法不一样。""作为你的领导，我会尽全力争取你应得的利益。为你的事我还特意让工伤鉴定部门咨询了权威专家，他们都说你这种情况确实不在工伤认定范围之内。我说的话句句属实。不然这样吧，我可以在时间允许的时候和你一同到相关单位再去咨询，看有没有新的答复。"见我态度诚恳，王老师的情绪终于平静了。我接着说："放心吧，在有效的时间内，校方还会尽最大力量出面帮你咨询，办理相关事宜。但是，如果是政策不允许的事，我们也是无能为力，请你理解。"看到我一直在笑，王老师一脸的愤怒、委屈终于不见了。"我们家经济状况原本就很一般，老人要赡养，孩子要培养，这一病就更难了，真的请领导考虑我的难处。有领导刚才的一番话，我心里舒服多了。"我说："也怪我，近些天事多，这件事还一直没来得及跟你说。""我相信学校，那我就不打扰校长工作了，给校长添麻烦了。"王老师说完走出了我的办公室。（后来，王老师虽没有被认定为工伤，但她的工作得到了妥善的解决，她本人也非常感激学校。）

王老师走了，那杯茶还在冒着热气。在缕缕茶香中我开始沉思。作为一名学校领导，做任何事情都要及时和教师沟通，做教师的贴心人，这样做任何工作才会更好地得到教师的理解和支持，减少不必要的误会。

【 反 思 】

作为学校领导，要理解教师。教师在工作中由于主、客观条件的变化，动机指向的目标既可能顺利到达，获得种种积极的满足，也可能由于多种原因遭受阻力，使教师产生心理不平衡，轻则影响工作情绪，重则影响其身心健康。

学校领导要以人为本，时刻把教师放在心上，真心为教师办事，及时疏导、解除教师的烦恼，聆听教师的心声。

作为学校领导，对待教师要宽容。"严于律己，宽以待人"，这句话千百年来被人们奉为自律名言。教师在工作中难免会有无意失误，会因为自身、家庭、社会等诸多原因闹情绪。这个时候，教师最需要的是安慰与宽容。在安慰与宽容之后，教师会及时进行自我教育，"世间不广，容则乃大"。一杯热茶、一个微笑、一条短信，都是有温度、有情感、有力量的。

孔子说："道之以政，齐之以刑，民免而无耻。道之以德，齐之以礼，有耻且格。"可见对于人的管理除了要靠法定制度，还应以人为本。学校领导要以理解、宽容和善用教师为己任，这样才能做一名值得教师信任、信赖和信服的好领导。

是什么留住了所有人

中国人民大学附属中学通州校区　刘小惠

【案例】

2016年年初，北京市政府东迁通州，市区政府、教委领导邀请刘彭芝校长到通州办学，帮助提升城市副中心基础教育水平。在人员高度紧张的情况下，刘彭芝校长和翟小宁校长等班子成员多次开会商议。最终，大家以大局为重，决定精选骨干力量，前往通州办学。2016年5月，我作为执行校长率领由人大附中10多名管理人员、20多名教师组成的团队，正式进驻通州三中，创建人大附中通州校区。

通州三中是由胡各庄中学、南流中学、通州三中三校合并而成。当时，学校紧邻新政府大楼，周围全是建筑工地，塔吊林立、暴土扬场、机器轰鸣；按照区政府、区教委原定计划，该学校被人大附中接管以后，原有教师可能要被调走一大批。在这种情况下，教师队伍很不稳定。一些教师联名给通州区教委写信，强烈要求维持原有局面，融合问题令人挠头。区教委有位领导打趣地说："通州三中周围有多少座塔吊，就会有多少老师走人。"教师们人心惶惶，学校原有的领导都很抓心。

很快，刘彭芝校长入校视察，指出："要想把学生培养成优秀的人才，必须有优秀的教师，要给老师们提供一个使其快速成长的平台。"于是，人大附中本部各学科教研组长、教学骨干组团式进入通州。他们进班听课、上示范课、指导教学和科研。他们不辞辛苦、不求回报地投入教师业务素质提升的工作之中，投入提高课堂效率、教学质量之中。正是这种无私的奉献精神，打动了原来通州三中的全体教师。一直到第二年，全校教师没有一位办理调动，没走一人，这一局面令区教委领导叹为观止。

数据显示，2016 年之前的高考，原通州三中一本线从未超过 10 人。人大附中团队仅入驻一年时间，2017 年高考一本线达到了 31 人。当年暑期，区教委督导室一行领导例行视导，全面、深入地了解学校每一处软硬件设施、关注每一个教育教学环节。在听完人大附中通州校区管理团队的汇报后，校长激动地说："老师还是那些老师，学生还是那些学生，怎么感觉精气神完全不一样了呢？老师们个个热情似火，干劲十足，令人十分震动。"

【反思】

刘彭芝校长曾提出：优质学校在促进教育均衡的过程中，最好的做法是培养和向别的学校输送优秀干部，因为"授人以鱼不如授人以渔，授人以渔不如派去带领打鱼的人"。促进教育均衡的目标，是让更多孩子享受优质教育，让更多教师成为优秀教师，让更多校长成为优秀校长，让更多学校成为人民满意的学校。总结这两年的教育"辐射"、教师发展的路程，作为教育者，人人需要怀有一颗对事业的公心，以及基于信任基础上对事业的付出。

基于此，刘彭芝校长还曾提出：正如人的生命有大小之分，小生命，蕴含在自己的身体内；大生命，则体现在人群和社会中。一所学校的生命也有大小之分。小生命，蕴含在自己的校园内；大生命，则体现在整个教育事业中。用"爱与尊重"的理念关心、呵护每个人的成长，是对基础教育的一份责任和使命。

事业留人，事业成就人，有什么样的学校管理理念，就会创生什么样的教育成果，苦点、累点都不算什么，最重要的是如何更好地吸引、发现和培养更多的优秀教师，共同为教育事业努力奋斗！

——这是我的坚守，我的执着，我的信念，我的教育梦。

要当好校长，先做"好家长"

北京市通州区玉桥中学　武长亭

【案例】

2018年3月的一天下午，任教初三地理的王老师手里拿着医院检查的片子，扶着门框，很痛苦地一步一步挪进我的办公室。我赶紧起身，将她让到沙发上。她昨天晚上向我请假，说由于腰疼，今天要到市里医院去看病。我关切地询问她的病情，她便向我讲述起来：腰椎间盘突出、骨质增生、腰肌劳损导致行动困难，坐着起不来，站起来坐不下，躺着动不了……已经严重影响到正常的生活。

王老师本学年任教初三年级地理课，而此时正值中考前的复习阶段，这一年又是地理学科第一次纳入中考，是选课走班上课，王老师教着一百多名学生。学校地理学科本身就师资不足，而且专业的地理教师也只有王老师和另一名教师，她们共同担任初三的地理教师。其他学科由于近期教师休病假、产假的较多，只能临时从社会机构招聘教师来上课。可以说，我是绞尽了脑汁，维持着正常的教学活动。

"校长，您别担心，虽然医生建议我休息一个月，但是我只要求休息几天就行，不会耽误学生的课。"还没等我说话，王老师却先给了我一颗定心丸。

多好的教师呀！王老师是学校的区级骨干教师，工作一贯积极肯干，虽然近两年身体一直不太好，忍受多种病痛的折磨，但从未向学校提出照顾，总是自己默默坚持，而且教学成绩依然保持优异。王老师这一次来找我，也是病痛严重到一定程度了。

"你放心休息，积极治疗，学校会妥善安排的。"我没有半点儿犹豫地对她说。学校再困难，也没有教师的身体健康重要。把教师的利益放在第一位，这是作为一个"家长"——学校校长首先要做的。

送走王老师，我立刻联系相关干部，安排代课老师，做好了王老师长时间休假的准备。

然而，第二天早晨，初三的年级主任告诉我，王老师又带病来上课了。从年级主任处得知，王老师实在放不下自己的工作，担心代课教师对学生、教学进度不熟悉，给学校工作拖后腿，坚持自己上课。但她上完课后，连坐都坐不下，坚持站着或跪在椅子上给学生辅导或批改作业。

听着年级主任的叙述，我的眼睛湿润了。这样一心只想着工作和学生的老师，学校要关心和保护他们才能对得起他们。我特批：把王老师的课都调到下午，这样王老师上午可以不用到学校，下午上完自己的课就可以回家，不计入考勤，不扣工资；备课笔记可以不写，作业可以有选择地处理。

当天晚上，王老师给我发来短信，对学校给予的特殊待遇表示感谢，并一再表示：请领导放心，不会影响工作，不会给学校工作拖后腿。

在之后中考前的两个多月时间里，王老师不顾家属的抱怨甚至反对，没有耽误过学生一节课。她利用上午的时间看病、休息，有时趴在床上处理作业、指导青年教师备课。她还特意建了一个微信群，给他们单独指导。学校在各种场合对王老师给予表扬，其他干部和教师也在生活和工作中给予她关爱和照顾。

中考成绩出来了，她所教的学生成绩不但没有下降，反而还取得了平均分91分的好成绩。

【反思】

　　走上校长的工作岗位以后，我一直在思考怎样做一个好校长，而王老师的事迹让我明白了：要做一个好校长，首先要当个"好家长"。

　　学校就像一个大家庭，校长就是这个家庭的"家长"，作为"家长"自然要时刻铭记"家和万事兴"的古训，要对家庭成员永不言弃，并永远给予希望。这就需要做到以下三个方面。

　　第一，以情融情，寓情于管理制度、方法和手段之中。作为"一家之长"，对待学生和教师就要像对待家人一样有人情味。IBM 创始人托马斯·沃森说："自始至终把人放在第一位，尊重员工，是成功的关键。"作为一校之长，关注考试成绩是必然的，但眼里不能只有成绩。校长不能把教师看作被管理的对象，而应该把他们当作自己的家人、亲人看待，要关心他们的生活和需要，关注他们的成长和发展。要让教师在成就学生的同时成就自己，而不是以牺牲自己的健康和发展为代价来获取学校的荣誉。教师是人不是神，当教师面临身体与精神的双重压力时，学校给教师们开辟了一个小小的空间——茶歇室，室内温馨的布置，再提供一些茶水、咖啡和点心，放置点鲜花和闲书，摆几张舒服的座椅，让教师拥有把弦松一松、把心缓一缓、把压力放一放的地方，使学校更像一个家，使教师们从心里把学校当成自己的家。

　　第二，掌握"夸"的技巧，释放正能量。校长管理学校，就像家长管理家庭一样，要想让学校这个大家庭和谐、充满活力和具有创造力，校长就要能运用夸奖、鼓励等激励性的手段去调动全体教师工作的积极性，让每个教师都能在教学中尽情释放自己的能量。在管理中，校长还需要特别用心观察，善于发现那些个性较强、经常喜欢找领导"碴儿"的、和校长有过矛盾的教师的长处及优点，利用公开场合大肆表扬他们的优点。这样的表扬话不在多，但是很容易打动教师的心，让教师真切体会到校长具有一颗公平、公正的心，才能充分发挥校长的人格魅力感动大家，这样的夸奖效果极佳。

第三，培养善"教"能力，尊重教师的个性和人格。校长既然是一家之长，就需要对家庭中的每一位成员了如指掌。现代教育提倡家庭中要进行"优教"，校长也应具有"善教"的本事。比如，能在家庭成员骄傲时及时提醒，失败时及时鼓励，生气时及时劝解等。善教就要做到"将心比心、有的放矢、因材施教"，根据家庭成员的学识个性、爱好特长、能力水平、合理配置、优化组合、人尽其才、整体高效，最大限度地发挥每位教师的聪明才智；要引导教师学会向探究型、学者型、开放型、专家型教师转变。

当校长拥有了家长般博大的胸襟、无私的爱，教师的主观能动性就能得到充分的激发。当大家都主动想把工作做好的时候，这个校长就一定是个好校长。

一条短信的思考

北京市通州区柴厂屯中学　毛金龙

【案 例】

北京市通州区柴厂屯中学坐落在通州区最南端，南临河北省，东接天津市，隶属通州区永乐店镇镇域，服务周边的 9 个自然村。学校始建校于 1958 年，现有 6 个教学班，学生 202 人，教师 38 人。我自参加工作以来一直在这里工作，2015 年 9 月起担任学校党支部书记、校长职务。

当时正值学校教师年度考核的"敏感"时期。由于历史原因，历任校长都采用名额分配制度，把优秀名额分配至三个领域：教学一线人员、教辅人员、行政后勤人员，比重为 4∶1∶1。教学一线部分根据各年级组按人数分配，三个年级分别是 2∶1∶1。考虑到初三年级人数较多、任务较重，因此比重为 2，其他两个年级比重分别为 1。学校历来通过投票确定考核优秀人员。初任校长时，我也延续了以前的方法。

我晚上收到一位年轻教师的短信，短信里写道："校长好，这次的考核结果我很失望，也很伤心。我担任了两个年级的教学任务，教学成绩优秀。我也积极参加区里的活动，并且在一年里拿到了许多荣誉证书，但是在投票中我却没有得到任何认可。我平时的努力付出还不如搞好人际关系，我真的很无奈。"看完这条短信后，我静默了许久。是啊，作为一个在学校工作二十多年的教师来说，我又何尝没有感受过投票的痛。

我认真研读上级文件和学校教育教学评价方案，并学习了其他兄弟学校的相关教育教学考核评价方案。第二天的班子会上，会议主要任务就是讨论、修改和制定《柴厂屯中学年度考核办法》，经过深入研讨和交流碰撞，最终商定以"教学质量为主、教育教学研究为辅、师德考评贯穿始终"的教师年度考核评价思路。评价办法做了三方面调整：一是取消投票选举制度；二是改变教师教育教学成绩评价比重，比例由以前的50%调整为70%；三是加入教育教学研究成果分值，如论文、课例等研究成果，国家级为5分，市级一等奖为3分、二等奖为2分，区级一等奖2分、二等奖1分、校级评选一等奖为1分。另外，如在教育教学过程中出现重大事故或有悖于教师职业道德规范的行为发生，则取消评优资格。量化评价由学校班子结合教师工作的过程进行最终决定，后经全体教职工大会讨论通过。在2016年9月学校教职工年度考核工作中，学校依据新的年度考核方案进行考核、公示。

晚上，我又收到了一条短信，还是那位青年教师发来的。短信内容大致如下："谢谢您！虽然我今年没有获得优秀，但我觉得这样做是公平的，给我的努力指明了方向，我会继续努力……"

我欣然回复："继续加油，我们一起努力！"

反 思

要办好一所学校，提高教育教学质量，教师起着决定性的作用。而充分调动教师的积极性是学校管理系统处于最佳状态的保障，教师考核便是其中一项重要因素。

教师考核应遵循三项原则：首先是客观性原则，教师考核要以教师各方面的表现情况为考核基础，以事实为依据，以各种量化指标为凭证，坚持实事求是，不掺杂个人情感；其次是公正性原则，考核教师要一视同仁、不偏不倚，坚持同一标准，不能有亲有疏、宽严不一；最后是准确性原则，考核工作在客观、公正的基础上，根据每位教师的具体情况，做出与其实际表现相符的评价，防止千人一面，保证考核工作不走过场。

教师考核应该以提高教学质量、提升教师的专业水平、促进学校和谐发展为导向。通过考核方案引导教师追求职业发展、提升职业幸福感，通过考核营造公平公正、和谐发展的氛围，这样教师们才能致力于研究教育教学，提升专业能力。

校长是履行学校领导与管理工作职责的专业人员。因此，一校之长既是教育目标的守望者、任务的执行者，又是安全的追求者、环境的营造者和教育的管理者。

这就需要校长在学校的教师评价方面做好准确研断，正确制定策略引领教师队伍健康发展，在此基础上建立健全、修订完善各项规章制度，制定切实可行的考核奖惩条例。当然，制度的拟定要考虑必要性、合理性和科学性并且应与教师劳动的特点相结合。

大量的实践告诉我们：好校长做学校工作应该是自下而上的，而不是自上而下的。作为一名校长，应时刻站在教师的立场全面看待问题。只有以科学、公正和客观的评价体系引领教职工全面发展，学校才能更快更好地发展。

敢于打破常规，变革激发活力

北京市通州区梨园学校　田连启

【案例】

梨园学校的前身是梨园中学，2014年增设小学部后改称梨园学校。2016年7月，小学部有78.9%的专任教师是教龄在3年以内的年轻教师；中学部因几年前梨园中学早已满编的缘故，没有办法补充青年教师，有71.7%的专任教师年龄在40岁以上，且大多集中在44岁至48岁年龄段。

经过一段时间的观察和了解，我发现中学大部分教师虽然素质较高，能够较好地完成工作，但工作状态不温不火，只求做好自认为的"分内"之事——上课、教书，除此之外，最好都不要与自己扯上关系，工作少一些最好。特别是面对当前教育改革形势，对要求教师要实现观念、行为的转变而需要的努力和学习，他们一片漠然，全然没有兴趣，无欲无求。

治标需治本。面对此种局面，我开展了调研，认识到从表面上看是教师年龄较大、精力不足造成的职业倦怠，实则是学校缺乏共同价值观，教师工作努力方向不明、行为不规范，加之学校中学部职称指标趋于饱和、教师年龄相差不大，众多教师职评晋级无望等深层原因造成的。相较于中学部的情况而言，小学部成立时间不长，年轻教师多，职称指标充足。正常情况下，近一两年内，小学教师只要满足基本条件就可以自动晋升职称，致使职称评定失去其体现教师工作导向及其价值的基本功能。根据政策规定，中小学职称指标不能通用，中小学部教师又同处一个校园，而迥然不同的职评状态势必衍生和加剧这种学校价值导向与公平激励之间的不匹配。

为破解当前乃至今后肯定会更加严重的困局，学校选择以职称为切入点，实现中小学部间教师轮岗制度，以调动全校教师的工作积极性，构建和谐共进的学校文化生态，开展中小学学生贯通培养有效衔接的研究。

对学校现状反复论证后，我多次与上级有关部门沟通，讨论是否有相关政策支持，论证可行性、适用性，还咨询了"中小学教师职称能否打通"，以及中小教师的编制转换等关键问题。在此基础上，我主持起草并制定了《梨园学校中小学部间教师转岗工作实施方案》。在起草前，我对于小学教师是否能胜任中学教学工作，小学教师对政策的理解是否到位、会不会产生情绪，如果有个别成绩不突出、工作不出色的初中教师想借此机会去小学该如何处理等一系列问题，进行了细致思考并明确了教师转岗工作的四项原则。

第一，立足学校工作需要、利于学校发展原则。教师转岗须本着实事求是的态度，切实从学校的实际工作需要出发，以利于促进学校工作健康开展为根本准则开展工作。

第二，立足当前实际、兼顾长远规划原则。转岗工作要基于学校现状，立足解决当前亟须解决的问题，同时又要放眼长远、全盘谋划，有计划地逐步落实和调整。

第三，立足教师工作状态、利于教师进步原则。转岗工作需要充分考虑转岗教师具有积极的工作状态、过硬的业务能力、良好的工作业绩和健康的个人意愿，以确保转岗教师尽快适应新岗位、取得新进步、做出新贡献。

第四，立足集体利益、兼顾个人意愿原则。转岗工作须首先考虑学校工作需要，同时也要尊重教师个人意愿。但当各方面因素难以协调一致时，个人意愿必须服从集体利益。

为了使"转岗"策略真正起到激发教师积极性的杠杆作用，学校进一步细化了实施办法。

第一，每学年暑期前，根据学校招生规模和招聘教师的实际情况，学校领导班子全面考虑年级、学科教师配置的合理性，集体研究决定安排转岗教师的岗位名额。

第二，学校教师转岗工作领导小组以教师原岗位与拟转岗位实际需求及适切性为原点，综合考察相关教师的工作状态、能力和业绩等，初步确定拟转岗教师人选。

第三，学校征求拟转岗教师意见，就转岗年限、要求、编制（中学编制或小学编制）等细节与教师进行详细沟通，达成一致后做出最终转岗决定，确定转岗教师人选。

第四，转岗教师签订转岗承诺书后，学校安排好该教师在新岗位的工作。

2017年7月，该方案经学校教代会讨论并通过后开始实施。未曾料到的问题出现了，阻力反而来自中学教师。大家习惯了中学的教学样态，多数适合轮岗到小学任教的中学教师表示不愿到小学部工作。2017年暑期，只有两名中学教师同意转岗。对此，我并没有着急，万事开头难，现在是开了头，一年后大家看到改变带来的实际效果时，情况会慢慢变好的。

如我所料，职称是撬动活力的关键点。随着这两名转岗教师在小学部被顺利推选参加中级职称评选，局面终于打开了。第二年，也就是2018年暑期，学校按照上述方案的原则和实施办法，顺利地从2018届初三年级组中安排了三名优秀教师到小学部工作。从此，有越来越多的中学部教师主动向学校表达了希望到小学部任教的意愿。教师的进步欲望终被激发，整体工作状态显著提升。

能够评职称是教师转岗需求变为强烈的直接原因，但职称晋升绝不是激发教师进步的唯一重要因素。因为职称评选体现了教师的价值，人都有经过努力、获得成绩而被众人、团队肯定的需要，教师职业的特点决定了教师有着更强的成就感和实现自我价值的需求。

学校本着公平公正、鼓励先进的原则重新修订并经教职工代表大会通过了学校职称评审办法，旗帜鲜明地表明了只有努力工作，才会有机会轮岗，才会有机会评上职称。而对于很多过去一直工作努力、成绩突出，只是苦于没有指标才无法晋升职称的中学部年龄较大的教师来说，把过去的渴望很快能变为现实，内心充满了极大的满足感。他们对学校的做法产生了强烈的认同感，焕发了工作的热情。

在一年多的时间里，在统一思想的指导下，我领导全体教师开展了大量有序的工作，效果也逐步显现。教师的工作状态有了显著提升，人际关系也更加和谐，努力工作、争创佳绩已逐步在干部、教师群体中成为共识和努力的方向。教师们认识到，在今后唯有努力工作、取得佳绩，才会得到肯定和认可，越来越多的教师工作更努力、积极和自觉，积极向上的学校主流文化氛围正在形成。

［反 思］

当学校的发展秩序遭到破坏，人心涣散时，校长必须拥有在纷繁复杂的事务中不被困难所困扰的耐心和韧劲，以自身的责任与使命为动力，充满自信地直面所发生的各种事件。在学校成员间缺乏信任感、对学校未来没有希望的时候，校长则应成为建立其成员间信任的黏合剂，成为点燃教师内心希望的火炬，用自己对学校发展的热情去点燃成员的信念，积聚每个学校成员潜在的力量。

学校鲜明地坚守以人为本的教师发展原则，以"解读人"为过程，以"尊重人"为手段，做好教师激励文章。学校注意把工作目标与教师的自我发展有机结合起来，把工作目标的实现与教师的成长看得同等重要，重视满足教师成就感和实现个人成长目标，相信教师的觉悟和能力，相信高标准履行职责、完成工作是大家的共同愿望。时时处处为教师着想，尽力满足教师的合理需求，让教师逐步增强学校主人翁的意识。这样一来，年龄就不会成为障碍，教师就会满怀热情地投入工作中。人活起来，学校也就会活起来。

校长要从学校实际情况出发，从教师和学生的需求出发，努力营造一种鼓舞人、发展人的学校文化，使师生在积极、健康的文化氛围中释放自己的潜能、实现自己的价值，帮助学校成员成为探索者和学习者，发挥成员个体在变革中的力量。遵照激励性原则，以尊重和保护人的自信心和积极性为出发点，建设和完善学校制度，营造出民主、公平、和谐、充满活力的内部发展环境，为学校的持续、高效发展建设一个稳定的平台，最终激发教师在组织团队中的活力，让每个教育工作者都成为强有力的变革动力。

稳定人心的"三件宝"

北京市通州区觅子店中学　张宝国

【案例】

　　北京市通州区觅子店中学是一所地处偏远、交通不便、师资力量薄弱的农村学校，多方面原因造成教师不能安心工作。近几年内，已经有 40 名教师流动，其中有近四分之一为骨干。教师的流动使学校的教育教学质量陷入低谷。如何留住教师，既要留住人又要留住心，成为学校班子成员需要考虑的首要问题。

　　班子成员认为，要留住教师，不仅要做到对教师关心爱护，注重为教师做好服务工作，帮助教师解决后顾之忧，还要重视对青年教师的培养，帮助他们发展提升。2016 年 12 月，新参加工作的 L 老师找到学校领导说："我在工作中感觉到力不从心，许多在大学学到的知识不知道怎么能够更好地应用到教学工作中。能不能给我找一个师傅，对我进行指导，让我尽快成长，以适应教学工作的需要。"面对青年教师积极上进的态度和表现，学校领导给予了高度的评价和认可，决定为这位教师寻找导师。于是，学校通过多方联系，为 L 老师找到一位市级骨干教师作为导师；同时，在 L 老师的学习时间及交通等方面为其提供便利条件。自此，L 老师积极与导师联系，到导师所在的学校听课、学习，虚心接受指导，认真学习的态度得到了导师及导师所在学校教研组内其他教师的认可。导师不仅在教学工作上对 L 老师进行指导，而且对 L 老师的班主任工作进行指导。在大家的共同努力下，L 老师各方面进步非常快。在 2018—2019 学年度，L 老师的教学成绩超出农村学校的平均水平，参加工作仅三年就被评为区级优秀班主任。

[反　思]

习近平总书记指出："一个人遇到好老师是人生的幸运，一个学校拥有好老师是学校的光荣，一个民族源源不断涌现出一批又一批好老师则是民族的希望。"学校的发展，离不开教师队伍的发展。教师是立教之本，兴教之源。如果说教育是国家发展的基石，教师就是奠基者。今天的学生是未来实现中华民族伟大复兴中国梦的主力军，广大教师就是打造这支中华民族"梦之队"的筑梦人。

作为一所偏远、薄弱的农村学校，学校近年来有 40 余名教师流失，且四分之一是骨干教师。通过调查可以看出，有 50% 左右的教师是因为居住在城区，上下班往返路途远，不方便照顾孩子和老人；有 25% 左右的教师是因为孩子上学，要接受优质教育；10% 左右的教师是因为对学校的管理有误解或者不满意；还有的教师是因为爱人在其他区县，两地分居，聚少离多，需要团聚等。该如何留住教师，使学校拥有一支稳定的教师队伍呢？我们认为要抓住"三件宝"。

第一宝：服务教师，是留住教师的基础。教师是学校的灵魂。培养造就一支责任心强、教学水平高的教师队伍，是学校稳步发展的根基。建设一支师德高尚、素质优良、结构合理、充满活力的专业化教师队伍，是学校可持续发展的根本保证。教师需要体面的生活，更需要精神充实的人生。因此，关心和爱护教师、帮助教师解决困难，为教师做好服务工作，是学校应该做的，也是必须要做好的。学校应始终站在教师的角度来考虑问题，努力做好服务工作，把以人为本的情怀落到实处。

第二宝：尊重教师，是留住教师的根本。想要留住教师，必须尊重教师。人被需要、被尊重是一种幸福；这就要求领导要有宽容之心，真诚地善待并悦纳每一位教师。干部要常怀宽容之心，充分尊重教师的主体价值，认可他们的劳动与平等的地位，尊重教师的人格；要善于倾听教师的心声，采纳教师的意见和建议；要营造公平、有序的竞争环境；要关心青年教师成才，支持中年教师成名，关注老年教师的心理平衡和身体健康，把全体教师的冷暖放在干部的心头。干部只有尊重教师、关心教师、依靠教师、服务教师，才是真正做到了尊重教师的人格，尊重教师的劳动，尊重教师的权力，并且将其落到实处，才能让教师感到在学校工作、学习、生活有尊严，使教师对自己充满信心，对社会满腔热情，在工作中更好地体现自己的价值，从而更加积极地投身到教育教学之中。

第三宝：发展教师，是留住教师的核心。"只有用心对待员工，员工才能用心对待工作"。要给教师一种幸福感，而给教师最好的幸福感，就是给他们学习的机会，让他们拥有更多机会去提升自己、改变自己，这是最强、最有效的提升幸福感的方式。学校要真正做到让教师安心工作、乐于工作，不仅要在工作上给教师搭建展示的平台，更重要的是要给他们创造提升的动力、发展的空间。学校以"每一位师生为自己负责"为发展理念，提倡每位教师都应变为自成者、为他者、领导者。教师必须对自身的发展有所认识，其中包括对教育的理解，以及对教育责任的承担。自己要成为自身职业生涯的主人，努力实现自我更新，在成就学生的同时，也提升自己的生命质量，活出特有的职业尊严和快乐。

在我校这样地处偏远的农村学校，留住教师，就是留住希望；留住教师，就是留住未来。正是由于有这些教师在默默无闻地奉献，学校才能教育好每一个学生，才给每一个家庭都点燃了希望之灯。他们的精神和工作更值得点赞，因为他们守住了教育的底线和社会公平的底线。教师中需要大师和名师，但是更多的是默默无闻的"仁师"和"教书匠"，以及"保姆式"的教师。他们在帮助学生一点点树立学习和生活的信心，一点点传授知识，一点点改变不良习惯，一点点强健体魄。这才是最大的教育。

而今迈步从头越

——教职工转岗的故事

北京市第二中学通州校区　郝书金

【案 例】

　　北京市第二中学通州校区从建校之初开始，初中常年保持在 12 个班的规模，高中则一直是 18 个班。近几年，随着北京城市副中心的建设，学校初中不断扩班。2019 年 7 月，随着 2019—2020 学年招生工作的开始，学校新初一将达到 8 个班的规模，初中班级数量激增。学校早期是"大高中、小初中"的模式，教师储备大多集中在高中。现今，高中班级数量基本保持不变，但是初中班级数量与建校初相比翻了将近一番。同时，新中考、高考的改革及走班授课等，使学校初中师资储备出现严重不足，部分学科教师一下子出现短缺情况。如何完整配备新学年各年级的师资，同时又保证毕业班的教学质量并抓好两个起始年级，成为 2019—2020 学年急需解决的问题。由于这两年学校一直是超编单位，基本没有招聘指标，每年只能招聘一两位教师，无法满足现实需求。在此情况下，学校教职工内部的转岗成为解决当下师资问题的主要举措。

　　面对此种困境，学校行政会经过多次协商，统一认识，认为必须开展教职工转岗工作。教职工内部转岗工作主要分两部分来完成。首先，精简高中师资储备，高中师资向初中倾斜。高中教师向初中转岗，学校先看教师的岗位意向，再由教学处和学生处考虑教师在高中教育教学工作的整体情况，形成行政决策后再进行人员调整。同时，学校还在教师课时津贴等福利待遇方面进行了调整，统一了初、高中的标准。其次，是在学校教职工内部挖掘潜力，优秀职工转岗再次上一线。根据学校人事档案记录，学校现在许多教职工以前都在一线教书，有一线工作经验。有部分职工当初调入学校就是为今后学校发展储备的师资，还有部分职工是因为各方面的原因而退出一线的，现已调整好可以重新回到一线。但是，这些教师由于长时间不在一线工作，难免有畏难情绪，做通这些职工的思想工作就成为重点工作。同时，学校在各项评优考核政策上都向一线倾斜。2019年年初，我在上学期末和新学期初的全体教师大会上就有意识地反复讲到学校在下半年即将遇到的情况，也谈到学校作为超编单位解决问题的办法，即我们学校部分教职工需要转岗。在2019年上半年的行政例会上，我向教学处、学生处、总务处、宣教处等部门也反复强调要为部门分工提前做好准备，同时与各部门的负责人提前商议好转岗人员名单。我的主要思路就是要把转岗工作化整为零，由各个部门分别承担，同时必须及时做好转岗教师的思想工作。由于上半年不断地在学校宣传，再结合学校实际招生情况，在2019年7月我们就和相关职工沟通好，把下学期的工作安排提前布置好，以假期作为缓冲阶段，好好进行备课、熟悉教材等，同时把原工作交接好。从新学期的教育教学工作反馈来看，这些重新走上教学一线的教师都极快适应了教学工作，尤其是她们已具备课堂管理能力，根本就不需要培训，效果不错。

目前，学校高中教师转入初中教学岗位的已有15位，涉及除英语和历史学科外的其他所有学科，并且多位教师在初中教学工作中均成为骨干。原高中生物学科的傅老师，2013年本科毕业入职，进入高中部。2015年，初中部需要生物学科教师，高中部生物学科其他教师都已带过高三毕业班，只有傅老师还未带过。综合考量后，傅老师被调到初中。傅老师开始有些情绪，学校及年级领导多次与她交流，打消其顾虑。很快她就在初中生物教学中崭露头角。经过两轮中考历练，傅老师被评为区级毕业班优秀教师，在市级教师基本功竞赛中还捧得了"京教杯"，现已成为初中生物学科区级骨干教师。

2019 年，学校有 6 位职工转入一线教学。原学生处舒老师，2003 年参加工作，在调入学校后担任班主任和初中英语教学工作，一直是学校的业务骨干。前两年因为身体原因，进行了工作调整。经过近两年的休整，舒老教师身体已康复。现今初中英语师资不足，需要其重新到一线教学。我本人及学生处主管领导分别与舒老师进行沟通，鼓励她"归队"。舒老师欣然回到一线教学岗位，并取得了突出的教学成绩。

〔反 思〕

如何让我们这些重新走上一线教学的教师做好"迈步从头越"，这些转岗教师的培训工作无疑是教师培训的一个新的专门课题。学校必须从教师心理、教材、课堂、学生辅导、学情分析等方面一步一步做好有针对性的培训，制定相关规章制度，帮助这些转岗教师更快更好地适应一线教学工作。

管理应服务于教师的合理需要，真正走入教师的内心。在教职工的转岗工作中，对教师的工作既要站在学校整体发展的角度，同时也要站在教师个人合理需求的角度。只有从这两个方面同时出发，校级领导和各部门主管领导分别与转岗教师充分做好沟通工作，从教师自我职业发展规划出发，充分尊重每位教师的需求，才能让教师感受到自己在学校发展中的重要性，在增强自我信心后发挥潜力。

量才而用，因材施策

北京市通州区于家务中学　杨玉慧

【案例】

2017年6月，敖老师毕业于首都师范大学化学教育专业。在校就读时，他学习成绩优异。在我校实习了两个月，跟岗学习生物教学和班主任工作。带教老师对他的评价是勤奋、踏实，能完成带教老师交给的每项任务；但敖老师性格比较内向，不善与人交流，工作中缺乏主动性。

入职后，学校教学领导小组根据对敖老师的初步诊断，采取了"压担子、配导师、多鼓励"的培养策略，促他尽快成长、成熟。

有压力，才能有动力，敖老师面对挑战，所表现出来的是一种"怯意"。北京市中考改革将生物和化学整合为一个选考科目，在这样的背景下，我大胆提议让第一年做老师的小敖身兼二职——担任初一两个班的生物和初三一个班的化学教学工作。我对他说："年轻人，要敢于挑战自己，相信自己，才有机会超越自己。"在各项活动中，学校都力争把敖老师"逼"上展示的舞台。从"新岗位教师亮相课""教学基本功展示课"到参加通州区"春华杯""新蕾杯"和北京市"启航杯"等课堂教学评优，让敖老师大胆尝试。在赛课的过程中，通过备课、磨课、评课、教学反思、小课题研讨、基本功历练，夯实他的教学基本功，提升组织教学能力、课堂教学能力。慢慢地，他从一上讲台说话就脸红，变得能够自信地侃侃而谈了。

谦虚好学的敖老师主动提出希望在生物、化学教学和班主任工作中，得到成熟教师的引领。这一点与我在青年教师培养问题上的思考不谋而合。一名青年教师，刚刚行走在教育教学的大路上，只靠个人苦思冥想、闭门造车进步是很慢的。如在教学过程中如何让学生展示、探究与合作，他们可能有一些方法，但不一定是以生为主的真展示、真探究、真合作。他们最希望的是得到名师的指导和引领，发现问题、纠正误区、弥补不足，发扬优点，使自己在教学上切实践行课改理念，获得个人专业素养的提高。

　　随着《通州区基础教育质量提升支持计划（2017—2020年）》的贯彻和执行，学校与北京市十二中开展"手拉手"活动，经与十二中领导接洽，为我校敖老师等15位教师聘请了十二中名优骨干教师为校外导师，在校内师傅、校外导师的共同指导下，敖老师等青年教师的成长尤为迅速。在与十二中的导师利用面谈、网络平台等多种形式交流与探讨后，敖老师在2018年通州区"新蕾杯"新教师课堂教学评比中进入复赛并最终取得了三等奖。任教三年的他，教学严谨、成绩突出，已成为校内骨干教师。

［反思］

　　量才而用，因材施教，可促进青年教师迅速成长。青年教师的成长，也鼓舞了全校教师投身教育教学活动的热情。在市区级各项教育教学活动和论文评比中，我校教师近3年已获200余项奖项。教师专业技能获得明显提升，当地百姓满意度连年攀升，我校为北京城市副中心义务教育均衡发展做出了积极贡献。

　　今后，我校将把青年教师培训工作向更深、更精、更广处推进，助力青年教师素养提升，助力学校整体教育教学水平提升，进而让更多学生受益，更好促进地方教育的发展。

风雨之后是彩虹

北京市育才学校通州分校　陈　勇

【案　例】

2010 年 4 月，由于极其特殊的原因，我从一所十二年制学校副校长的岗位调任现在的学校担任校长兼党支部书记一职。还记得，报到是在 2010 年 4 月 26 日下午。我与干部见面后的当日下午，学校正好有教师会，就安排了与教师的见面会。这次教师会正好是学校职称评审的述职会。会上参评的教师轮流述职。当一名年轻的女教师上台时，突然感觉到一种异样的气氛。这位教师的第一句话说："我知道今年我评不上，因为我不会拉关系，我只知道干好自己的本职工作，但是我也想借今天的机会向大家介绍一下自己的工作。"接着，这位教师开始了自己的述职报告，叙述中她几次哽咽。述职之后，教师进行了投票，这位教师真的没有评上。

会后，学校临时负责的干部向教师介绍了我并请我讲话，当时我想：说什么？表决心？在这种气氛中绝对没用。我说："很高兴有机会和在座的各位老师一起工作，我的邮箱是 ×××，欢迎大家和我交流，谢谢！"这就是我的第一次和教师讲话。

关于留下邮箱的事，我并没有抱太大的希望，只想给自己争取一点时间，细心观察一下学校的情况。出乎意料的是，晚上手机就提示邮箱里已有三封邮件。我打开邮箱一看，三封邮件都是学校老师发来的，其中有前面提到的那位女教师，另外两封信也来自教师，但均未署名，其中有一位教师也参与了白天的职称评审并选上了。三位教师反映了学校职称评审工作存在的问题和管理中的问题。归纳起来有三点：

第一，职称评审政策临时修改两次。

第二，参评人员请客送礼。近两周，学校每天都有人请客。

第三，管理中不能一视同仁。

我逐一给教师回了邮件，感谢教师给我写信，但就此事我仍然没有表态，只是希望教师给予我时间，给予我信任。

回完邮件，我陷入了思考。面对这样的第一天，我以后该怎么办？自己今后要做的工作太多了，要解决的问题也太多了。但经过思考之后，我却释然了。这不正是上天给予我的良机吗？公平地处理事务、公正地评价教师不正是我工作的突破口吗？

之后的一段时间，我少说话，多走、多听、多观察，仔细了解学校的情况。通过观察发现，虽然学校在职称评审中有一定的问题，但教师整体较为朴实，集体观念较强。由于教师较少，学校让大家有一种家的感觉。这也坚定了我把"公平、公正"作为工作突破口的方针。

2010年是通州教育推出工资政策最多的一年，绩效工资的实行给学校带来了很多冲击，但本着"公平、公正"的原则，方案最后都得到了教师的认可。2010年暑期，我就职称评审方案向教师征求了合理化建议，开学后立刻进行修改，并通过了教代会的审议，方案也得到了教师的认可。

【反思】

学校管理是一门艺术，因为不同的学校存在不同的问题，即使遇到相同的问题也不一定有统一的答案。因为它往往会受到学校的传统和习惯的影响。有时学校的规模也会影响某个问题的答案。但不变的是，只要学校管理者有一颗公正、公平的心，问题终会得到满意地解决。另外，作为一名新上任的校长要敢于面对棘手的问题，解决棘手问题的过程就是我们成长的过程，正如我们常说的风雨之后就是彩虹！

管理细节微型整改，促进教师专业发展

北京市通州区民族小学　王艳荣

【案例】

俗话说：细节决定成败。教育工作中，可谓无小事，因为这些管理工作中的细节，关乎着教师的专业发展，关乎着学生习惯和品格的养成，关乎着学校办学质量的提升。

2018 年 3 月的一天，我组织干部召开例会。例会中，除了进行重要事项的决策与商议，协调安排本周教育教学事务之外，还有一项常规内容是干部要对本部门管理工作进行点评。这一次，又听到教学干部反馈：通过听课、评课，发现有的青年教师专业技能进展滞后；通过作业评查，发现部分教师批改不够规范；已经开学第四周，有的学科教师还在要求学校添置教具；评优征文只有两位教师上交，明显缺乏上进心等问题。自开学以来，有些问题几乎每周都会出现，这不禁引起了我的思考。

这些常见的问题，折射出管理工作中的确存在漏洞。如何提前进行管理干预，从而逐步提高教育教学管理实效，促进教师专业发展呢？当时，我刚刚参加"北京市通州区中小学名校长工作室"项目，由北京教育学院余新教授和北京一师附小张忠萍校长担任导师。为此，我专门向两位导师进行请教。

两位导师告诉我，学校领导首先要进行自查与反思，查找症结；然后，进行充分调研，真正了解每位教师的发展需求，对症下药。这样才容易逐步扭转局面，改进问题。导师的提示让我醍醐灌顶，瞬间点醒了我。于是，我带领班子成员，对学校管理工作进行了诊断、分析，并有针对性地进行了微型整改。

我们马上聘请了北京教育学院张祥兰、赵晓闻两位博士，帮我们进行靶向诊断和指导。2018 年 4 月，学校组织全体教师进行了一次全方位的问卷调研，旨在找到根本问题，促进教师团队的整体提升。

这次调研是围绕"教师学业乐观"课题进行的，让我们收集到大量数据，了解了影响教师学业乐观的学校组织因素。这为我们进一步查找症结，提供了真实可靠的依据。

在教学常规工作中，有的教师屡屡出现老生常谈的问题，这说明常规工作评价体制出现了漏洞。于是，我们根据实际，带领骨干教师和教研组长重新修订《教学工作评价细表》，在原有的评价量表的基础上，去旧添新，调整分值比例；然后，带领教师认真学习评价量表，了解常规工作的新要求，树立正确的评价导向。

在开学之后，教师屡次提出购置教具等材料。这说明在开学之初，没有做好开学准备。

为了解决这个问题，在"手拉手"项目的引领下，学校向优质校学习管理经验，我们根据实际情况，制定了《教师专业技能发展手册》。本手册有一个特点是具有调研的性质。例如，教师要在第一周之内梳理教材，提出需要学校帮助解决的问题，以及教学之中需要的教辅材料等。

对于教学常规评查中出现的问题，新教师居多。于是，学校加强了对于"三新教师"培训。"三新教师"，即新入职、新任职、新调入的教师，他们需要进一步了解学校教学工作的基本常规要求，如如何备课与上课、怎样评价学生等。我们组织了一系列岗前专业培训，组织研读《青年教师入职读本》，熟悉学校文化和常规要求，了解教师共同发展愿景等。同时，我们带领教师学习《民族小学规章制度汇编》，规范教师教育教学行为，使其尽快适应学校教育环境，适应教师岗位要求。

目标即动力。很多教师陷于日复一日的繁杂的教学事务中，没有做好职业规划，因而降低了职业幸福感和自我效能感。学校根据《教师专业技能发展工作手册》，及时了解教师发展需求，尤其是青年教师和培养对象，然后分别找他们谈话，指导教师细致做好职业规划，树立奋斗目标，焕发工作热情，主动寻求发展，避免出现工作停滞不前的现象。

例如，英语郝老师，我们通过访谈、观察等方式，逐步了解其优点及内心想法，发现他的主要问题就是缺乏自信，学业认同感低，也不够信任学生与家长。于是，我们帮助郝老师制定发展规划，并将教研组组长的重担交给他，让他和市级英语骨干马军华老师结成师徒对子，每周调出一天课，外出参加英语教研活动等。目前，郝老师已经找到了自己的发展点，非常努力，对于自身的发展充满信心，在学校里也一直努力发挥正能量。

【反 思】

没有调查就没有发言权。基于调研我们进行了自我发展诊脉，查找阻碍发展的真正原因。

我们对学校管理的细节之处做了不少"微型手术"，使学校的管理体制更加完善，如同地震波那样一圈圈扩散，引发出喜人的正能量，并且逐步显示了"对症下药"后的实效。

在教育管理工作中，每一个细节都可以让我们当作一项课题来研究。今后，我们还会继续秉持研究的态度来对待教育教学工作，不断提高管理实效，促进教师专业发展，提升学校办学质量。

第三篇

学生发展的实践智慧

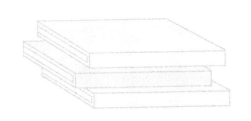

"一切为了学生发展"知易行难

——一纸证明引发的思考

北京市通州区潞河中学　徐　华

【案例】

2019 年高考工作顺利结束，6 月 24 日高考成绩发布，潞河中学高三的师生们都沉浸在取得优异成绩的喜悦之中。随之而来的是学校开始为学生们填报志愿进行集体辅导，以及班主任、学科教师为学生填报志愿的个别指导工作。整个毕业年级呈现一片兴奋和繁忙的景象。

一天下午下班前，两位毕业生来到我的办公室找我谈话，在向我汇报高考成绩的同时也向我咨询有关志愿填报的问题。得知两位同学都取得了 670 多分的好成绩，真的很为他们高兴！我细心地听了他们的讲述，得知他俩有意报考北航计算机系，于是，我就和他们一起分析学校专业特点及他们的特长和优势，在肯定他们想法的同时建议他们再和家长、班主任做进一步的交流。

两个孩子离开我办公室不到五分钟，三位家长就情绪激动地来到我的办公室，大声说要找校长。一位家长说："潞河中学不是一直倡导'一切为了学生发展'吗，为什么不给我们盖章？"一时间我有些丈二和尚摸不着头脑，心想："两名学生刚刚愉快地离开，怎么他们的家长又这么情绪激动地来找我呢？"

我仔细地听着他们的诉求，得知是他们去做高考志愿咨询时拿到了某高校给他们的"优秀毕业生推荐表"后，来到潞河中学相关部门要求盖章未果，于是来找校长评理。在稳定家长情绪的同时，我向他们说明"优秀毕业生推荐表"是高考前一些高校给潞河中学的推荐名额。学校当时已经向所有学生公示并组织学生自愿报名，在打分排队的基础上已经完成了相关推荐工作。他们的这种情况以前学校还没有遇到过，于是我告知家长明天上班时请业务处与高校招生部门联系落实相关情况，然后酌情处理相关事宜。

第二天，我就此事向学校相关部门咨询。负责教师指出，这就是一些高校为了招收高分考生而采取的一些特殊手段。我们没有义务配合这些高校的不当招生，学校不予盖章无可指责，我提示要妥善处理这一问题。下午两点，学生和家长来到学校，声称校长已经答应给予盖章，并说当时已经录音。负责教师提示家长说："我们正在开会，有关情况需要和校长进一步沟通。"家长们情绪非常激动，打断业务处的正常工作，不容相关教师解释，举着手机说："我要录像直播，必须现在答复。"个别家长还有一些非理性的举动，现场有失控的趋势。我得知这一情况后，果断要求相关教师停止手头工作，妥善处理问题。

在一番耐心细致的说服下，家长和学生都意识到了自己的不当行为，双方取得了谅解，达成了共识。事后，当事学生特意来到学校向我和当时在场的教师道歉。

〔反思〕

"一纸证明"虽然是个案，但它折射的是家校共育的一些普遍问题，带给我们很多启示。

第一，互信是家校共育的基础。家庭教育和学校教育都是学生成长过程中必不可少的环节，随着对学生成长关注程度的提高，家校共育越来越受到重视。但是，在学校教育过程中，经常会出现家长和学校在学生教育方面的矛盾。有时矛盾还非常尖锐，甚至会产生一些严重冲突。其中一个重要原因是缺少互信，特别是家长对学校缺乏基本的信任，最明显的表现就是指责学校和教师，干扰学校正常的教育教学活动。信任是家校共育顺利开展的基础，信任的前提是多联系、多沟通。要避免家校共育工作的"信任缺失"，就要求学校要利用一切可以利用的手段和方式定期和家长互通信息，及时反映学校工作的情况，让家长一起为学生的发展出谋划策，让家长从内心深处融入学校。学校也要从互动中了解不同家长的教育理念，寻求在学生教育中理念的一致性，从而促进学校与家长之间产生共识和建立信任。

第二，守则是家校共育的保障。学校的教育内容、教育方式和开展的活动有其内在的要求和客观规律，学校的日常工作要遵循一定的规范和规定，守则是家校共育的重要保障。学校教育要严格按照《中小学生守则》和《中小学生日常行为规范》的要求对学生进行规范性教育，要按照学校的教育教学计划和相关要求开展日常工作。这些是培养学生形成良好的行为习惯、落实核心素养和关键能力的重要保障。作为一名合格的家长，要了解学校的一般性规定和基本工作程序，配合学校开展教育，保持与学校教育的一致性，使学生更健康的成长。当前，在强调学生个性化发展的过程中，特别是在涉及一些学生"切身利益"的时候，某些家长对学校提出一些有悖于规范和规矩的要求，不仅不利于学生的健康成长，还会给学生带来非常严重的负面影响。

第三，"一切为了学生发展"是家校共育的本质追求。家校共育的本质追求是为了学生的健康成长。学校工作需要家长的配合，学校承担着指导者的角色。作为专业的教育机构，有责任和家长一起整合学校教育和家庭教育，发挥各自的优势，促进学生全面而有个性的发展。学校教育要破除保守心理，充分认识到家长是学校的教育资源，有责任让这些资源在学校管理和教育中发光发热。每一位家长都有望子成龙的心愿，他们可以通过参加学校组织的各种活动，更加全面地了解学校、了解学生、了解自己的孩子。通过良性互动，让家长们心系学校，成为学校工作的智囊团，学校教育的践行者，共同构建为了学生发展的生命共同体。

这样的"谈心"要不得

北京市通州区西集中学　李连江

【案例】

北京市新中考改革方案从 2018 年起实施，各中学自 2017 年暑期开学开始尝试走班上课。我校在前期充分调研的基础上，依据学生自愿选科情况，完成了编排班级、选派教师、制定课表等相关准备工作。初三年级开学，"选科走班"井然有序。

在校园巡视的时候，我经常看到初三历史教师找学困生谈心。从观察看，感觉学困生的情绪有些不大对劲，个别学困生甚至有异常反应。月考刚刚结束，有些学生提出要重新选课。我和年级主任通过分析发现，重新选科的学生多是各科的学困生，且从历史学科转出的学困生最多。

这个问题引起了初三工作领导小组的高度重视，重新选科暂缓推进。但问题出在哪里呢？经了解发现，教师们认为本届初三仍然沿用原来的中考奖励方案：个人成绩权重非常大，个人成绩上去了，其他项目可以忽略。要想提高成绩，必须转化学困生，通过"谈心"让学困生"自愿"不选本学科，便成为个别教师采用的"快捷"方法。

学校马上依据教委新制定的初三评价方案，完善了本届初三毕业班奖励方案，如增设工作量奖励、加大集体奖的权重，考虑学生基础，设置学生成绩增量奖等。新方案得到初三教师的普遍认可。接下来，通过学生会、家长会、教师会理智、客观地分析月考成绩，充分尊重学生和家长的意见，个别学生完成了重新选科，绝大部分要求重新选科的学生仍然坚持了学期初的意向。教师的谈心辅导依旧，师生关系融洽，学困生转化也见到了成效。

【反　思】

　　现代社会是一个充满竞争的社会，竞争是个人、集体、社会前进的动力之一。竞争有积极的作用：激励调动教师的积极性，有利于提高教学成绩。但如果竞争不当，也会产生消极的影响，导致人际关系紧张，学校就不可能实现和谐发展。评价奖励方案可谓竞争的规则与标尺，项目内容的设置就是风向标。学校原来的奖励方案突出了中考成绩，使中考分数成了教师的"命根"，成为所有教师的关注点。因此，为了提高成绩教师们想尽了一切办法。原来的班级授课制，教师学生相对固定，教师没有"机会"选择学生，而现在学生自主选择学科，也为教师选择学生创造了"可能"。出现教师把学困生"推出去"的做法确实存在问题，但评价奖励方案的不完善也是导致这种现象的重要原因。

　　竞争是前进的动力，但是孤单的、没有合作的竞争是没有力量的，也是很难持久的。我们需要"领头羊"，基础教育更需要满园春色，只有竞争意识与合作精神相统一，竞争中有合作，合作中有竞争，才能构建起融洽的干群、师生、家校关系，教师间才能团结协作，共同提高，推动学校和谐、稳定、可持续发展。

学生的利益重如泰山

北京市通州区小务中学　刘志林

【案例】

2019 年 5 月 16 日，那是我最难忘记的一天，因为这天我遇到了当校长半年来最棘手、最难下决心处理的一件事情。那天上午 8 点左右，教务主任急匆匆来我办公室汇报工作。

教务主任："校长，2016 级（初三）综合素质评价出现了问题！"

我："什么问题？"

教务主任："综合素质评价报告册和报告单签字时，初三（1）班有一位学生就 2017—2018 秋季学期的成绩提出质疑。这是一名成绩中等偏上的学生，他说自己的数学成绩才 61 分。他的数学一直学得不错，每次考试成绩都在班级前列。他要求查看自己当时做的试卷。班主任查了一下，学生的考试成绩是 89 分，确实是成绩填报错了！5 月 17 日，也就是明天，就要生成每个学生最终的综合素质评价报告册和报告单。怎么办？给中教科报告不报告？"

怎么办？我迟疑着，大脑飞快地分析着这件事情。报告给中教科，中教科肯定会责备我校这项工作做得不扎实、不细致、有纰漏；肯定会责备我这个校长当得不称职，管理不到位，没有靠前指挥；肯定会在各种场合强调这方面工作时把我校作为反面典型教材；也肯定会影响我以后各方面的工作，产生负面效应。如果不给中教科报告，做做这名学生的思想工作，硬压下去，不是更好吗？正要说话，突然又想到，其他学生还有没有此类问题？还是先查一下再说吧！对，就这么办。

我说："不要着急，你马上启动学校综合素质评价异议处理预案程序。不要张扬，你亲自悄悄查一下，看看其他的学生有没有问题。"

教务主任说："好的，我马上去查。"

我在焦急中煎熬着。半小时后，教务主任再次向我汇报。

教务主任说："我进行了问题排查，发现两个方面的问题。第一是2017—2018年秋季学期1班期中、期末成绩导入因为两位学生休学导致导入错位；第二是2017—2018年春季学期，1班物理、1班和2班两个班的体育成绩未录入。"

我说："也就是说所有的学生成绩都有问题！"

教务主任说："对，是这样。"

我的大脑又开始高速转起来了。一边是自己的面子问题，另一边是所有初三毕业学生的重大的利益问题。报还是不报？我心存幻想，想知道其他支委有没有更好的办法在学校层面解决这个棘手的问题。

我说："你马上通知两位副校长，咱们开一个支委会！"

支委会讨论了一刻钟，形成一致的意见。因为此事涉及37个孩子中考的重大切身利益问题，最终还是决定上报中教科。还有1天半的时间，看能否重新输入正确的数据，维护学生的利益。我维护"校长面子"的想法终于向"学生利益"低头了。

我校口头给区教委中教科汇报情况后，中教科的领导对学校和我没有做任何责备，第一时间向北京市网络平台负责处理数据的领导汇报了这个问题。市网络平台数据处理中心马上启动紧急预案，开启数据录入专门通道，处理我校37名初三毕业生成绩录入错误问题。中教科领导让我们上报《小务中学2016级综合素质评价签字异议处理情况备案》材料。在备案中，我们写清我校发现的两个方面的错误问题和我校的诉求，申请市级协调重新同步计算数据，将学生 2017—2018 年秋季学期的报告册学业成绩同步显示准确，并一定要重新计算 2017—2018 年两个学期的 B2 成绩获得，重新计算每个学生的累计权重，最终呈现正确的综合素质评价分数。

在市、区各级领导的大力关注和支持下，我校很顺利地解决了此事，很好地保护了初三毕业学生的合法权益。中考录取阶段，学生按照自己综合素质评价分数，公平、公正地享受了"校额到校"这一普惠政策。

【反思】

现在反思这个案例，我从中得到了以下的启示和深刻的教训。

第一，学生利益重如泰山。作为校长，一定要把学生的利益放在所有工作的正中央。与学生利益相关的事情比天还大，一定要慎之又慎地处理。因为这可能是涉及学生以后能否有一个幸福美好生活的决定性事件。比如，这个案例中涉及的学生，本来平时成绩很好，但由于综合素质评价分数低，在同等条件下，在"校额到校"优质学校的选择上就处于劣势，若与市级优质学校失之交臂，就会对学生造成一生无法弥补的损失，也会造成教育的不公平和不公正性。所以，当校长的面子、学校的声誉与学生的具体利益发生冲突的时候，一定要把学生的利益放在前面，校长的面子和学校的声誉都要让位于学生的合法利益。这也让我的"三个有利于"行为准则有了正确的排名：有利于学生发展的事情，有利于教师发展的事情，有利于学校发展的事情，我将会尽我最大的努力用心、用情、用功、用智慧去做。

第二，把学生当作自己的孩子。从 2019 年 5 月 5 日之前系统生成报告单和报告册到 5 月 16 日学生发现问题，一共有 12 天。在这 12 天里，如果每位学生认真核查，如果每位家长认真帮助核查，如果班主任和科任老师再逐一核查，如果学校综合素质评价领导小组认真仔细地最后核查，都会及时发现问题。所以，这个事件暴露出我校科任老师、班主任、具体负责此项工作的领导存在疏于复查的漏洞。包括我这个校长，也把学生工作浮在表面上，没有沉到学生工作的最底层，没有靠前指挥。如果把每一个学生当作自己的孩子一样高度重视，我想就不会出现这样的错误了。因此，我校以后对学生工作的一个出发点：如果这是我自己的孩子，我该怎么做？还有没有更好、更适合的做法？

第三，上下一心共同为学生精准服务。这次综合素质评价网络平台工作的时间节点是 2019 年 4 月 30 日，届时数据平台关闭，形成最终数据。2019 年 5 月 5 日之前系统生成报告单和报告册。符合"校额到校"条件的学生其报告单和报告册转化成具体的分数，不符合条件的学生其报告单和报告册转化成等级成绩并让家长学生确认签字。2019 年 5 月 17 日，综合素质评价网络平台上报考试院综评的最终数据。我校是 16 日知道学生数据有误，从讨论处理到生成正确的报告单和报告册仅仅用了一天半的时间。这说明我们只要上下一心，不相互责备、相互推诿、相互抱怨，而是形成解决问题的合力，共同为学生做精准服务，即使时间再紧、任务再重，我们也能很好地完成相关工作。

第四，继续优化综合素质评价网络平台。我们学校的师生在学校的管理平台上，在生成报告单和报告册前无法看到我们每次输入的数据，所以应该优化综合素质评价网络平台，让学校师生能随时看到输入的数据，这样便于检查，及时更正输入中出现的错误问题。

总之，"学生的利益重于泰山"将是我一切工作的准则。

甜美的果实献给谁

北京市史家小学通州分校　李文凤

【案例】

校园成熟季，丰收喜悦时。金秋十月，史家小学通州分校的校园中果实飘香。瞧——校门口的两棵海棠树上结满了又大又圆的海棠果，红红的海棠在秋风中微笑，让人垂涎欲滴！看——楼中间小花园中一棵棵柿子树上结满了红彤彤的柿子，就像一个个灯笼挂满枝头。

每天生活在校园中的老师、学生和职工，看着诱人的果实成熟了，感受着硕果累累带来的丰收喜悦。同时，师生们也在思考着甜美的果实该献给谁呢？是分给学校中各方面都表现出色的学生？全校2800多名学生，人多果少，也不够分呀，是送给辛勤工作默默耕耘的老师，还是送给为学校服务的职工？甜美的果实献给谁最有意义呢？这成了史家小学通州分校师生们讨论的话题，引起了大家的思考。学校领导在征求全体师生意见的基础上，决定由少先大队组织学生完成果实分配的活动。

学校少先大队在辅导员的带领下，开展了一次"甜美的果实献给谁"的主题大队会，全校各个中队共同参与活动。少先队员们以中队为单位围绕着"甜美的果实献给谁更有意义"进行讨论、交流。校园中、教室里、楼道间、操场上，孩子们都在积极思考着、辩论着。最后，经过各中队认真梳理每一名少先队员的提议，汇总成各中队建议。他们把甜美果实献给谁的理由书写在水果形状的彩纸上交到少先队大队部。一张张表达着爱意和感恩的彩纸汇集并被张贴成了一棵爱心树。学校少先队召开了少代会，会议倾听了各中队队长的发言，大队委们对各个中队的建议进行了认真筛选和分类。经过最后的投票表决，大家一致认为，把这甜美的果实送给来学校交流学习的客人们，送给保安叔叔、保洁阿姨、食堂工作人员，送给学校的老师，还有路过校园的小鸟。采摘、分配果实的任务由学校少先大队进行协调安排，由中队辅导员带领着各年级中队的少先队员进行采摘、赠送活动。少代会后，学校大队辅导员借助楼道展板向全校师生公示了会议结果，并通过校园广播电视台向全体少先队员公布了最终结果。

之后，少先队员们开始了感恩分享活动。在中队辅导员的带领下，大家一起制作了工具，借来了梯子，相互合作，小心翼翼地采摘果子，收集、运送工作有条不紊。采摘时，少先队员们把树尖上的果实留在了树上，留给那些路过学校的可爱的鸟儿，让它们感受到校园的美好，以及师生们的爱鸟之情。少先队员们在劳动中体会着丰收的幸福，合作之中展现出互帮互助的同学情谊。采摘后少先队员们将果子进行细致的挑选，去掉坏的，留下好的，挑出大的，留下小的，辨析之中增长知识，分拣之中体会爱心。最后，师生们还找来精美的包装纸，把这些表示爱心的海棠果、柿子果装到温馨的彩纸里。

周一升旗仪式后，少先队员们把这甜美的果子献给了内蒙古奈曼旗跟岗培训的老师们，送上史家分校全校师生的深厚祝福。一个月的时间，从认识到了解，从师生到朋友，在最美的季节相遇是一种缘分，甜美的果实蕴含着京蒙师生间的深情厚谊，一个队礼、一句祝福表达师生的文明有礼。少先队员们把这甜美的果实献给了保洁阿姨们，感谢他们每天为学校清扫楼道、擦洗窗台、清除垃圾。正是有了这些每天辛苦付出的阿姨们，才有了师生们在史家通州分校花园般美丽的校园的美好生活，她们是史分美丽的维护者。甜美的果实献给保安叔叔，感谢他们每天上下学期间在校门口站岗，不论风霜雨雪都为同学们的安全保驾护航，他们是史家分校最可爱的人。甜美的果实献给食堂的工作人员，感谢他们每天早早地来到学校，制作美味可口、营养均衡的饭菜，让师生们吃得营养健康，他们是史家分校师生健康的守护者。甜美的果实献给微助社护苗团的家长们，感谢他们参与校园周边的安全维护，减少交通拥堵，共建良好的上下学秩序，她们是史家分校最美志愿者。最后，学生们把甜美的果实献给学校领导和老师们，感谢他们每一天与少先队员朝夕相伴、辛苦操劳、无私奉献，从每一节课堂到每一份作业，传授知识、提升素养、立德树人，从每一次的沟通到每一句的赞赏中，都可以看出老师们精心呵护幼苗的教育初心。在陪伴成长中，教师熏陶感染，涵养学生品格，为学生培养良好的行为习惯，留下了他们不知疲倦的身影。几颗海棠果表示了孩子们的感恩之情！教师中尤其还要送给加拿大籍的外教卡姆老师。感谢他远道而来，克服一年回一次家的困难，与老师们一同进行英语教学，帮助同学们提升英语素养。每一颗甜美的果实都包含着师生们的一份感恩之心，一种感谢之意。

【反思】

让学生成为学校的小主人，参与学校的管理，充分发挥主人翁精神。让学生站在学校的中央是史家小学通州分校一贯坚持的重要思想。"甜美的果实献给谁"活动充分调动了学生的积极性、主动性和参与性。学校的这次活动让学生来做主，引发了学生的思考，让他们为学校的发展出谋划策。人人发表见解，个个都是学校的主人，参与其中、感悟其中，不论结果如何，活动的过程就是学生参与管理的过程。在活动中，学生参与学校管理的意识逐渐增强。

礼赞丰收，感恩成长！"甜美的果实献给谁"活动的开展，少先队员们学会了感恩，懂得了分享。随着活动的深入，老师们、保安、保洁、食堂员工们一句句感谢的话语，一个个满含微笑的点头，让感恩教育在分享中提升，心中想着他人，感恩身边的每一个人，深深地扎根在同学们的心中。潜移默化之中，甜美的果子送到每个人的心间。借助活动，他们在心中认识美、分享美、感恩美。在美的熏陶染中，师生们践行着美，传递着美的言行，映衬着每一个人最美的心灵。连续开展的系列活动，让校园新增了不同品种的水果：青翠欲滴的葡萄，开口微笑的栗子，营养丰富的苹果，红艳饱满的山楂等，分享不同季节成熟的果实，把感恩从"阶段"变成了"时时"。孩子们把"甜美的果实献给谁"由校内延伸到校外。全区创建文明城区时，他们把甜美的果实送给公路边的清洁工人，十字路口的交通协管员，公交车站的疏导员……让感恩与分享伴随学生的成长。

树立学生的劳动意识，教会学生基本的劳动技能，感知劳动带来的快乐，提升学生的劳动素养是学校五育并举的工作重点。通过开展"甜美的果实献给谁"活动，学生不仅学会了制作采摘的工具，并在采摘果实的过程中学会了使用工具，在果实分拣装袋的过程，感知劳动的快乐。结合学校开展的"劳动促成长，德智同发展"劳动教育系列活动，学生从果树的认领到浇水、从施肥到捉虫的呵护过程中增长了知识，了解了植物生长的规律。学校开发的"实践小菜园"提高了学生劳动的全面性。不同季节的黄瓜、番茄、韭菜、胡萝卜多样的蔬菜种植体验，让学生从课堂走向了实践，在体验中提升了技能，让劳动伴随着学生快乐成长。

"甜美的果实献给谁"的系列活动，让"美是到处都有的"校训在师生间展现。在优美的校园中，到处都能看到师生们留下的最美的身影。温暖的春风中，桃花、杏花、海棠开花时，师生们在树下闻着花香，捧书阅读；夏日清晨，师生们一起梳果、浇水，体验劳动的快乐！秋风送爽时，学生采摘果实，分享感恩！深冬时节，大家看着储存养分、积蓄力量的棵棵果树等待春天到来，许下一个个美好的心愿！

让上学成为孩子最期待的事

北京市通州区潞苑小学　刘会民

【案例】

　　建校伊始,我们迎来了230名一年级新生。随着多数孩子逐步适应小学生活,每个班级总会有少数特殊的孩子,他们要么有行为上的一些问题,要么时不时地有各种奇思妙想,总让人束手无策,小A就是这样一个特别的孩子。

　　刚开学的时候,小A根本坐不住,不是趴在地上玩,就是随便大声说话,尤其是在音、体、美等课上,根本就停不下来。随意走出教室玩耍、在操场上打滚是常事。在学校课后兴趣活动选修乐高搭建落选后,他竟然在楼道里打滚撒泼,大声痛哭。

　　班主任老师积极和家长取得联系,家长也很配合,带着孩子去相关的专业机构咨询就医,结论是孩子患有多动症,需要每天定期服药。由于这个孩子就住在学校附近,因此老师和家长达成一致意见:家长积极给孩子治疗,并保证在孩子情绪失控的情况下随叫随到。这样做一是不耽误老师的正常教学,二是避免孩子到处奔跑发生安全事故。多少次,在排队出操、放学路队上,经常看到语、数、英三科教师拉着他的小手走在队伍里面。

　　经过一段时间的努力,孩子状态有了初步的好转,在语、数等学科的课堂上基本上可以坐住了。但在有些需要多动手、动嘴、动脚的课时,如体育、音乐和美术，他还是会有"奔走"的行为。

在这个过程中，老师们慢慢发现，这个孩子虽然有这样或那样的问题，但他的优点也很明显。数学老师的嗓子哑了，他会挺身而出，让同学们安静下来，好好听讲；学习上只要他认真听了，他就能记住，同学们背诵《弟子规》，他背得比谁都快。

由于班级定期调换座位，怕影响别的学生的学习，经常出现他自己单桌的情况。有一次课后兴趣活动排座位，他对数学老师说："我想有个同桌！"这让我们的老师十分感慨，主动为他安排了同桌，满足了孩子最基本的要求。我们的老师还为小Ａ融入班级生活和班级孩子正常交往做了专题教育活动，引导孩子们学会友好相处，开展"手拉手""抱一抱"同伴交往活动，帮助孩子融入班级。

在一次座谈会上，一位老师说："小Ａ又有新的要求了，他想和妈妈一起在周一升旗！"当时我校是新建校，只有一个年级的学生，教师数量也不多。为了把升旗仪式活动做好，我们采取了每周一由家长和孩子共同升旗的措施，但前提是，每班推荐的孩子必须是优秀学生。

作为校长，我一直在思考和实践着"以学生为中心"的教育理念，我更懂得，孩子的需求是多么平常而朴素。经过与德育领导商量，我们决定破格让这个孩子和妈妈一起参加一次升旗仪式，而且对其以进步生的身份进行旗手的介绍和表扬。

升旗仪式当天，他和妈妈站在国旗下，很庄重、很严肃！国旗下讲话时，他的妈妈表达了对学校、对老师的感谢，也谈了自己和学校配合教育孩子的感受，这时他腰板始终挺得直直的，表情严肃且自豪！

现在，这个孩子还是时不时地有这样或那样的情况发生，但和开学时相比已经有了很大的进步。

【反思】

建校伊始，我们就确立了办学目标："让上学成为孩子最期待的事"。小 A 这个案例，真实体现了潞苑小学的办学目标。

"最期待上学"是孩子真实情感的表达，这也是我们办学的美好初衷。学校最基本的任务是为孩子在学校创建一个安全、包容、接纳的生态环境。我们针对小 A，充分考虑其合理的成长需求，积极创造条件，给予他"特别的爱"。当这些孩子的特殊需求得到满足的时候，也就是我们的办学目标达成的时候！

潞苑小学教师以爱和包容去呵护孩子成长，逐步树立主动发现孩子成长进步的学生观。多学科教师协同配合，不同学科教师关注小 A，他们都具有一颗同理心，发自内心心疼孩子，等待孩子行为改变，这才出现了"我想有个同桌""我想和妈妈一起升旗"的主动要求。关注孩子的成长需要，尊重个体需求，站在儿童视角，满足孩子在学校的恰当需求。我们努力为小 A 找到参与学校仪式活动的合理的"理由"。学校在满足孩子的过程中，逐步完善了对于"好学生"内含的界定，"好学生"是进步学生。潞苑小学教师的学生观，从关注学生学业成绩、各领域结果转变为发现、肯定和激励学生每一天成长的"真实进步"。

"最期待上学"，是衡量孩子愉快融入群体生活，适应班级生活，在班级中可以获得同伴鼓励与支持、容纳与帮助的标准。教师要充分重视发挥同伴力量，引导孩子们融洽交往，互帮互助。

作为独特的个体，每个孩子的需求都迥然不同。站在儿童的视角，我们深刻体会到了童真无邪，感受到了儿童对自己成长世界的好奇心和求知欲。我们的教育是班级授课制，面向全体学生的发展，但在条件允许的情况下，也需要个性化的教育和关注，让每个孩子都有属于他自己的成长空间！孩子有了安全、信任、生态化的成长空间，在学校感受到爱与包容、帮助与指导，上学才能真正成为他们"最期待的事"！

冒险的"危机处理"

北京市通州区教师研修中心实验学校　韩华明

一天中午，我已经吃过午饭回宿舍休息，听到一个老师在外边大喊"校长"，没等我打开门，C老师已经闯了进来，焦急地说："校长，快，三楼。"说罢，转身跑向三楼。（事后知道，她是在楼下看到了一个学生在三楼窗户上欲跳楼自杀。）我也赶紧奔上三楼。我跑到三楼时，一个班门是关着的，门前挤着几个孩子。我隔着窗户往里一看，也惊呆了。只见一个女孩坐在窗台上，一只脚已经伸到窗户外面，里面靠近门边的W老师正在对孩子说着什么。我叫开门和C老师一起进去，窗户上的孩子正在大声地哭，情况万分危急。我故作轻松地安慰女孩儿，试图哄她下来，孩子还是哭。这时W老师和C老师也稍微冷静了一些，我一边劝解着孩子，她们俩一边从另一侧慢慢靠近孩子。当确认孩子自己没有下来的意思后，两位老师突然一齐伸出手，把她强行抱了下来，我这才松了一口气。随后，我和两位老师把孩子领到我的办公室。

我让C老师在办公室安慰孩子，把W老师叫到另一个房间，向她了解情况。原来是这个孩子上课时不听讲，说话影响了别的同学，W老师把她留下来，刚说要请家长，这个孩子就窜上了窗台。我简单了解情况后又连忙返回办公室。我这时的想法是，一定要创造温暖的会谈气氛，消除孩子的紧张。我让W老师先去吃饭。（事后知道，W老师这天没有吃饭。）我同随后过来的班主任H老师开始开导教育这个孩子。后来，我让C老师给这个孩子打来饭，我们一边让她吃饭，一边继续开导她。在开导的过程中，我努力做到亲切平和，偶尔和孩子开个玩笑来调节气氛。谈话时间持续了整个一中午。

其间了解到的情况是，她的父亲开了一个印刷厂，在朝阳区国贸附近，有时一个星期回来一趟，但很多时候一个多星期都不回来。孩子父亲有赌博的毛病，从不往家里交钱。她父亲在外面不开心时常拿孩子撒气，打骂孩子。孩子父母之间的关系也很紧张，经常吵架。孩子母亲曾提出离婚。她的母亲在北京西单附近一个美容院作美容师，下班很晚。早则晚九点下班，晚则夜里十二点多才回来。孩子放学后独自在家，自己熬粥，等母亲回来后再由母亲炒菜做饭。

由于对父亲的惧怕，所以当W老师要找她父母时，孩子采取了过激行为。

经过我和班主任H老师一番晓之以理、动之以情的开导，孩子的心情基本平静下来，并承认了自己当时很傻，保证不会再做傻事了。班主任H老师说："你说话要算数，咱俩拉钩吧。"孩子伸出手来。孩子伸手拉钩让我感到事态基本平息了。我根据孩子最后的情绪和班主任H老师协商，与学生达成协议：此事不告诉她父母，但要让老师放心，孩子答应了。这时已经到学生下午的到校时间，就让孩子去上课了。我的想法是，尽可能让孩子感觉到自己今天的行为并没有让老师大惊小怪；也想让看到这件事的其他孩子感觉到这是一件小事，以避免孩子的心理受到伤害。班主任H老师对我说第一节课自己亲自进班，通过适当方式消除孩子们的恐惧，化解不良影响。于是，班主任H老师带着女孩去上课了。

随后，我私下和她父母沟通，引起了女孩父母的高度重视，她父母为此缓和了关系，而且也知道关爱孩子了。这件事就这样"平平静静"地过去了。

【反　思】

本次危机处理应该是把孩子的心理伤害降到了最小。孩子只感觉这是自己的一次任性行为，而不会把它看成一次企图自杀的行为。这样的记忆会把对孩子的伤害降到最低程度。同时，对目睹事件经过的其他学生来说，因为下午女孩按时到班里上课，其他孩子们自然也会最大限度地淡化这件事。

试想如果采取另一种处理方法：先派人看护好孩子，然后联系家长，把孩子交到家长手里，责成家长回去教育孩子，或责成家长对孩子进行心理疏导。这样做我会少承担风险，但后果必然是这个孩子会将这次事件认知为"自杀被救"；其他孩子也会认为自己的学校出现了一个"企图自杀"的同学。如果这些孩子回家后转述失真，必然还会引起其他家长的惊慌。而这种惊慌又会再传染给孩子，再次强化孩子们对这次"自杀事件"的记忆。

教育无小事，教育有时又需要"大事化小"。在应对此次危机事件的过程中，我更加深刻地体会到了教育人所需要的品性、气度和智慧，也体会到了身为一校之长，冷静、温和、包容地对待处于危急中惊魂未定的老师与学生是多么重要。在关键时刻，校长就是"定心丸"。校长如何处理，会影响整个事态的发展。同时，我也比以往更强烈地认识到，不推卸教育责任，不一劳永逸地将各种学生和难题都推给家长，也是学校干部和教师应进一步加强研究与践行的课题。我们也需要以此为鉴，不断反思学生德育工作与家校协同育人的有效做法。

始于运动，成于文化

北京市通州区临河里小学　范志孝

【案 例】

　　说到运动会，绝大多数学校每年都会召开运动会，可是大多都是一些身体好、素质好、体育表现佳的孩子在比赛。而绝大多数非常需要锻炼的孩子，却往往在体育课上被忽视，运动会上只能当观众。我常常跟体育老师们说："你们搞的是精英教育、应试教育。"我也曾要求体育教师，课上要关注每一个孩子，让每一个孩子都得到锻炼。可是效果不佳，老师的关注点还是在运动会的项目上，还是在那几个"尖子生"身上。而大多数的学生也不喜欢这些项目，因为他们都是"失败者"。

　　2017年，马老师调到了临河里小学。他向我介绍了全员运动会，介绍了全国体育联盟及北京市"一校一品"改革实验项目。我带领团队参加了联盟在四川绵竹举行的培训活动，深感震撼。我多年想解决而没有办法解决的事情终于找到了路径。从绵竹回来后，我就决定要召开全员运动会。在全校师生及家长的共同努力下，2018年，学校设计了以各年级的比赛为主、穿插艺体表演的首届全员运动会。整场运动会对于学校是一个创举，虽然在短短的三个多小时里，几千人次不停地调转，但我们做到了秩序井然。2019年，在第二届全员运动会上，学校创新了赛事项目，加入了"安全演练篇"，把心肺复苏、救援伤员、自制担架、火场逃生与体育游戏相结合，不仅锻炼了学生的体能，而且加强了对全体学生的安全技能培训。同时，学校植入了网络直播通道，安排了主持人现场播报，同时开启了场外精彩留言，实现了场内和场外流畅互动，成为第二届运动会的最大亮点。运动会后，老师、同学及家长们把自己在运动会中的故事及参与运动会的感受写下来，结集成册，连续两年出版了《临河里小学全员运动会专刊》，人手一册，见证了学生们的成长。

通过两届全员运动会的筹备与顺利召开，学校职能部门之间互通有无、默契配合，学生参与项目训练、经历成长，老师们也充分展现了自身的潜力与才能。临河里小学全体师生通过全员运动会得到了锻炼，收获了成长，成就了精彩。

〔反 思〕

《义务教育学校管理标准》指出，学校要增进学生身心健康，促进学生全面发展。要建立常态化的校园体育竞赛机制，经常开展班级、年级体育比赛，每年举办全员参与的运动会。"全员参与"不是一句口号，而是促进学生积极参加体育活动的手段。近两年，我校在全员运动会上进行了大胆的尝试，期望通过全员运动会，辐射日常的体育教学，激发学生锻炼的热情，真正做到课课练、日日练，提升学生整体的身体素质。

首先，全员理念，促成全员运动会的召开。全员运动会是针对全国学校体育联盟"10+8学校体育促进工程"中的一项重要工程——针对传统小学运动会的弊病而进行的一次根本性的改革。全员运动会的一个重要标志是"全员参与"，主旨就是"让每个孩子健康成长"。学校开展全员运动会，就是要将平时的体育教学和运动会紧密联系起来；就是要让学生知道，我学的、练的将来是要考核的，是要比赛的；就是要让学生知道每一个项目的参赛权是由他平时的训练和他参赛前的能力所决定的。一个学生只要平时乐于锻炼、乐于协作，我们就力争使每个孩子都有参赛项目，但是不追求平均。我们想让孩子知道，有汗水，才有回报，每项权利都是自己争取来的。只有这样，才能激发学生的参与动机，使平时的体育教学落到实处。

以学生为本，让学生站在操场正中央。我们设置的竞赛项目全都是有趣的、有意义的、有实用价值的。它们以故事、情景的形式呈现给学生，真正让体育运动融入孩子的日常生活。

其次，全员运动会，始于运动，成于文化。我校举办的全员运动会不仅仅是比赛，更加关注到了学生的品行教育，最终落到了培育与践行学校文化上。

我们学校的办学理念是为学生的美好人生奠基。我一直说，拥有一个美好人生的首要条件是有一个强健的身体。所以，连续两届运动会我们喊出了"运动使我健康，健康奠基美好人生"的口号。我们学校的校训是"学做事，学做人"。两届运动会，从筹备到召开时时刻刻都对学生进行了"学做人"的教育，具体来说有以下四个方面。

第一，规则大如天。学生小时候，懂得遵守规则，长大以后才能遵纪守法。所以我们在全员运动会上制定了罚则——罚分的规则。

第二，成功需要付出。我们虽然主张全员参与，但是如果在平时的体育课上，不遵守纪律，不认真训练，能力不能得到提升，仍然不能争取到参赛的资格。

第三，行为养成。安全第一、整洁有序、尊敬师长，学生的这些行为在两届运动会上，都有很好体现。

第四，团结协作。学生为了同一个目标，团结奋进、默契配合，树立了很强的集体意识。

总之，经过两年的实践与发展，全员运动会在临河里小学逐渐生根、发芽，逐步形成了临河里小学全员运动会文化。

评价的指挥棒该指向哪儿

北京市通州区南关小学 王玉霞

案 例

2019 年 4 月的一天，学校一位教师要参加北京市学习科学学会"友善用脑"课题组组织的课堂教学评优，请我去听试讲课。在课堂教学中，她充分运用"友善用脑"理念设计了三个活动，让学生通过小组合作的方式，自主学习生字，理解课文内容。每个环节结束之后，教师用学生自主评价的方式，让小组组长对本组成员完成任务的情况进行评价。结果全班五个小组，有三个小组组长没有给自己的小组打满分。我坐在下面，真的很高兴。多么可爱的学生啊！她们的心是那样纯，情是那样真，我们做教师的难道不应该呵护这种真、这种纯吗？正当我为学生们的表现叫好的时候，老师的评价开始了。她总结了本课的学习情况，分别给得满分的小组加了一颗星，对未得满分的小组提出了希望。告诉他们要继续努力，争取下一次得到满分。

下课了，得满分的学生高高兴兴地离开了，而另外三组的同学则悄无声息地走出教室。看到学生们失望的表情，听到组员埋怨组长的声音，我心里很难过。为什么不给未得满分的小组加上几颗星呢？下次评价，学生们还会表现得这样真实吗？

坐在录课室里，我沉思很久。教师在教学中关注学生学习时的表现，关注学生是否掌握了知识，是否完成了教学任务，却往往忽视了对学生非智力因素的评价与肯定，更忽视了教师评价本身对学生人格的影响。党的十八大、党十九大都要求我们要立德树人，而要做到这一点，真的不是说说就行的，也不是做几次德育活动就能实现的。它需要我们关注日常教育教学工作的细节，将"树人"渗透到教育教学的每个环节当中。当学生展现出良好的品行时，我们应该充分地肯定，及时呵护学生身上的"仁之端""义之端""礼之端""智之端"，让它开花结果。

课后，我找到这位教师，告诉她"教师的评价"非常重要，我们不仅要评价学生掌握知识的情况，评价学生的学习过程，更要评价学生在学习过程中表现出的优秀品质。如果我们只鼓励得满分的小组，那么下次的评价就会得到虚伪的"满分"，而得不到真实的结果。如果我们给这几个诚实的小组加上两颗星，对他们诚实的表现大加赞扬的话，下次她们一定会真实地评价自己和他人，久而久之，就会在他们心里种下"诚信"的种子。将来，他们就会成为诚实守信的人，一定会在学术上保持本真，在工作中务实求真，不弄虚作假……这才是我们做教师的责任，这才是评价的魅力所在。

第二天，这位教师正式录课，她请我再去听课。我要求她调整的环节都进行了改进，最后的评价环节更精彩。她不仅对得满分的小组给予了肯定，而且对如实评价的组长和组员们也进行了奖励。看到学生们开心的笑脸，我在心底给学生和教师都点了赞！

【反思】

《基础教育课程改革纲要》指出："要改变课程评价过分强调甄别与选拔的功能，发挥评价促进学生发展、教师提高和改进教学实践的功能，建立适应课程改革需要、符合素质教育要求的发展性教育评价体系和评价方式。"在落实这一要求的过程中，我们组织教师对课堂教学的即时性评价进行研究，提出了"环环有评价"的教学要求，让教师在每个环节用"量化评价、生生评价、智能评价"等不同的方法对学生进行评价。教师不仅对认真参与、掌握知识快的学生进行表扬，对有创新思维、探究行动、有价值的创见进行赞赏，而且还要对学生的非智力因素进行评价。作为校长，我积极参与，并引导教师推进非智力因素的评价，有效落实立德树人的根本任务。

上述案例是我指导教师认识课堂教学中非智力因素评价作用的一则案例。透过这个案例我得到以下四点启示。

第一，评价应促进教书育人相统一。"一切知识的教学都有道德教育的作用"，教学评价也应该具有道德教育的作用。我们应该通过评价落实立德树人的根本任务，将教书与育人统一起来。在此案例中，第二次评价有效地实现了教书和育人的统一，既关注到了学生知识的掌握，又关注到了学生良好品德的培养。

第二，评价应促进学生的全面发展。课堂是学校实施素质教育的主阵地，它不仅要承载传授知识、培养能力、促进人智力发展的任务，更要关注人的非智力因素，促进人的情感、态度、价值观的形成，实现人的全面发展。教师不仅要通过教学内容达成这一目标，更要通过评价手段来实现这一目标。比如，肯定学生的积极情绪使其以饱满的热情投入学习；表扬学生良好的行为习惯让其助力学生学习；鼓励学生良好的品质让其学会做人；培养学生的审美情趣让其感受生活的美好……如果我们坚持这样做，久而久之，学生就会在德、智、体、美、劳等方面得到全面发展。

第三，评价应注重学生学习的过程。过去，受应试教育的影响，我们的评价往往过多地关注学生的学习结果：得了多少分、结果对不对、任务是否完成……就像这位教师刚开始的评价一样，只关注了最终的评价结果，而没有看到学生评价的过程。这样就忽视了评价过程中最宝贵的教育因素和教育契机，不能真正发挥评价的作用。作为教师，我们要随时关注学生的学习过程或是评价的过程，对学生表现出的积极心理、良好习惯、创新方法、独特思维进行肯定，只有这样才能更好地促进学生发展。

第四，评价应注重对学生兴趣的呵护。人们常说，兴趣是最好的老师。在课堂教学中，我们要特别注意呵护学生的学习兴趣。要做到这一点，不仅需要安排有趣味的教学内容、采取有意思的教学活动，更需要我们运用有效的教学评价。评价时，要在鼓励积极表现的基础上，以建议的方式指出学生的问题，这样才能使他们爱上学习。就像案例中的第二次评价那样，既要肯定完成任务的学生，又要肯定诚实评价的学生，这样才能达到激发学生兴趣的目的。

家长告状之后

北京市通州区培智学校　王超山

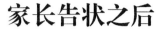

某日，学校住宿学生小明头顶出现了两个红色硌痕，身上也有一小道挠痕。家长发现后向班主任老师要了部分学科教师的照片，询问孩子是谁打的。孩子（智障儿童，认知有限）说是某老师打的，家长非常气愤，找到主管校长讨要说法，态度强硬地提出三点要求：一是学校赔礼道歉，二是开除教师，三是安装监控。学校主管校长调查核实后，发现不是某老师打的，但在其看护过程中有疏忽责任，学校也有管理责任，就与相关老师一同向家长道歉。但是小明的家长不认可，还是怀疑是老师殴打所致，并在微信群向其他家长诉说此事。于是，家长们众说纷纭，有的要小明家长报警，有的要拍照片上传媒体，有的鼓动家长去区教委信访，一时间危机发酵，大有风雨欲来之势。

我刚上任不久，第一次处理这样的事情，内心有些忐忑。首先，我和主管校长再次全面详细地调查了该事件的经过和家长的家庭情况，做到底数清、事件明。其次，召开干部会商讨解决办法，集众人智慧寻求解决策略，最终达成共识：要以同理心关心孩子、理解家长的心情，而不是埋怨家长不通情理、小题大做；必须诚恳道歉、不要敷衍推责；能整改的立即着手行动。最后，请家长来到学校，进行真诚的沟通交流，希望这件事能够好好地解决。先向家长赔礼道歉，在学校发生这类事情教师和学校有照顾、管理疏忽的责任，但小明不是老师打的：因为老师有 40 年教龄，受党教育几十年，他有一定的思想觉悟；两个硌痕是管状物体长时间硌压孩子头部所致，该老师不具备时间。孩子受了委屈家长心疼，学校和老师也感到内疚自责。为此，一是校方承担医药费；二是对涉事老师会给予内部严肃处理；三是立即安装校园监控设备，便于查清事件原因。家长看到学校真诚的态度、有理有据的解释、果断的善后行动，情绪慢慢缓和下来。在苦口婆心的劝说下，学生家长终于与学校握手言欢，并在家长微信群告诉众家长事情已圆满解决。一场风波终于平息了。

【反 思】

校园内发生的学生意外伤害是困扰很多学校的难点事件，很容易激化家校矛盾，对学校管理造成较大冲击。此次事件的圆满解决得益于以下三个方面的管理行为。

首先，对事件的过程进行信息整理，以便确定事件的相关人员及其责任。不要漫不经心地认为孩子没受大伤，家长没必要小题大做，而是要以同理心感受家长的心情。

其次，与家长沟通协调最主要的目标是让事件在较平静的氛围中和平解决，大事化小，小事化无。对家长诚恳道歉，请家长谅解。过程中，涉及医药费时，必须态度明确，合理承担医药费。争取将摩擦和不统一减到最小。

最后，反思管理漏洞，我们要求班主任、科任教师和家长在交接时应提前检查孩子的身体状况，如有异常及时告知家长，减少误会，避免矛盾的发生。班主任要主动和家长沟通，不要认为事件与己无关而放任事件的发展。

学生投河之后

北京市通州区第四中学　李　青

【案例】

初中二年级的斌斌投河自杀了，他才满十四岁，刚过完生日。

投河当晚，他在 QQ 空间里说："再见了，活着真累。""后河上的花真香啊，我的兄弟们听好了，以后都帮我照顾点她，她要是以后有了好的归宿就由她去吧，只要别被渣男骗了就好。我的家人们，我对不起你们，下辈子再报答你们吧！还有你，这辈子是我对不起你。下辈子，我们还在一起，小傻瓜。"

我得到消息赶到河边已经是一个小时之后了，不少人在那儿。消防队的皮筏子已充气下水，学校的三位德育安全干部也赶到了。我们下到河坡上，坡中间有个凹槽，孩子的书包和手机就在那里。有人告诉我，有两个在网上看到遗言的同学跑到河边了，许多人在给河边的那个手机发信息、打电话，可是孩子再也接不到了。

他是朝鲜族，户籍在吉林省延边市，虽然成长中只有妈妈陪伴，各方面却都表现得都很优秀，学习、人缘、活动、品行……只有一点，他过早地遇到了爱情，而又没到能承受这份美好及挫折的年龄。

斌斌的妈妈赶到了河边，悲痛欲绝……

毕竟是网络时代，消息散布得很快。第二天《法制晚报》、北京电视台都发了消息，网上更是开始散播各种不尽不实的信息。经过两天的悲痛后，家长的态度发生了大的变化，向学校提出了两点要求。

第一，学校要公开发表一个声明，挽回孩子的声誉。

第二，孩子的死学校有责任，"能给我们多少钱？"

就在双方约定等待公安机关做出死亡认定之后再商量的过程中，家长突然采取了过激措施：于孩子死后的第五天早晨，突然带着七位亲属堵住了学校大门，打出横幅，姥姥席地而坐，干妈以车堵门……而当天上午，学校有一个市级活动正要举办。

急啊。

经公安民警的应急处理，终于将家长们劝进学校谈判。家长索赔100万元。咨询过律师后，学校对法律上的责任界定已经心中有数，对家长明确表示校方有无责任最好通过法律认定，但无论校方是否有责，学校都愿意给予家长一定的补偿。经过一天的交流，双方敲定两日后电话联系，三日后见面再谈。

家长才离开，孩子的班主任又出状况了。由于巨大的压力，家里人又不理解，沟通不畅，导致她出现了较严重的抑郁症状。

斌斌的班主任于老师年近四十岁，是一位非常优秀的骨干教师，跟孩子们的感情很好。斌斌是全年级第一名，自然是于老师眼中的好孩子，斌斌私下叫于老师"于妈"。就在孩子出事的前四天，于老师才和学生们一起给斌斌过了十四岁生日，自己出钱给他买了生日蛋糕。痛失爱生、家长反目、舆论威胁、亲人不理解，让于老师几近崩溃。

我找来了于老师的先生，我们在操场上转了近二十圈，聊了一个多小时。经过交流，于老师的先生终于理解了妻子。

有了家人的支持，于老师慢慢从抑郁中走了出来。

于老师缓过来了，女孩则避出去了。拒绝了斌斌的女生在事发之后就没有上过学，不久家长就把她的学籍转回了老家。

通过连续几次谈判，双方终于定下了解决办法：由家长向法院起诉，双方在庭前调解，确认学校在此次事件中无责，但愿意给予家长人道补偿。经过校方律师和家长的反复沟通，最终以一个远低于家长最初要求的数额实现了和解。

出事的第十五天，斌斌生前所在的班举行了"珍爱生命——斌斌同学追思会"。第十六天，孩子的尸体火化了，学校的一位副校长和斌斌生前的同学十余人到火葬场送行。

出事的河边多了两个花篮：一个是家长放的，另一个是学校摆的。

反 思

出现人陨是校园里的突发事件，其解决往往考验学校的处置能力、应急机制和背后的管理与教育理念。在这次学生因情而陨的悲剧处理过程中，学校有几个地方经受住了考验。

首先，把"人"放在了第一位。出事的当天夜里，校务会在讨论处置思路时就明确了这一点：尽全力保护人。

第一，保护斌斌的母亲。她离异后，一个人带孩子到十四岁，斌斌是她的全部寄托。在痛失爱子之后，她的心理几乎崩溃，必须尽全力予以保护。

第二，保护女生。两人同班，事因情而起，我们相信他们这个年龄这段感情的美好，一个爱自己的人去了，其间有自己的原因，其承受的自责和愧疚会不会导致新的悲剧？我们必须想办法去控制事态的发展。

第三，保护班主任。斌斌是于老师的爱徒，全年级第一名，他平时叫班主任"于妈"，他们之间的感情远超过普通的师生之情。但根据以往的经验，家长们一定会在出事后把矛头指向学校，尤其是班主任。

其次，注意控制舆情，不让事态进一步扩大，炒成社会热点。

最后，依靠法律和上级机关指示积极主动地寻找解决途径。

依照这个处置思路，我们成立了三人保护组，分别由三位干部牵头，负责与家长、女生和班主任沟通；成立信息发布组，统一面对校内外的信息口径（第二天早晨就分别召开了全体干部会、班主任会、教师会和各班的学生通风会，使校内的不同声音没有来得及产生）；咨询并聘请了律师帮助解决问题。

事后看来，这几步都走对了。孩子母亲成功地将注意力转移到索赔上了，渡过了危险阶段；女生家长很理智，迅速将孩子转学，躲开了这令人伤心的地方；班主任于老师经过各方安抚，情绪稳定，走出了抑郁状态。

家长一开始期望较高，双方一时谈不拢，我们采取了以下方法：一是多站在家长的角度考虑，在感情上给予充分的同情，态度上更温和，沟通上更主动。就是在一次次主动电话联系，一次次主动约家长到学校沟通，陪着悲伤、陪着落泪，听着埋怨、唠叨、质疑，甚至悲痛中的不理智的语言攻击中，我们依然始终保持理解、同情、痛惜的态度，双方才逐渐建立起了信任。这是后来能实现妥协的基础。二是坚持引导家长走上依法维权的路子上来，律师的专业支持发挥了重要作用。三是公安、派出所、教委的支持发挥了重大作用，使家长恢复了理智，双方坐到一起开始谈索赔的问题。

在达成协议的时候，我终于放纵了一次自己的感情。我向斌斌妈妈鞠了个躬，说："斌斌妈妈，您把这么大的孩子送到学校来，我没能给您管好，对不住了。"在场的家属皆掩面而泣。

斌斌妈妈最后对我说："这事儿能这么快地解决，很重要的一点是因为您。作为家长，我能感觉出来您对孩子真心痛惜、同情。这个事儿完了，我希望能和您交个朋友。"

休谟曾说过，"同理心是人类全部道德基础"，而培养同理心是教育的一个重要责任。我们能比较利落地处理这个突发事件，很重要的一个原因就是我们带着同理心与家长耐心协商，即使在家长说了过分的话、做了过分的事后还能够不急不怨。

从法理上讲，学校无责，可我们却愿意进行人道补偿，实际是想配合亲友们保护斌斌母亲，从情感和道义上扶持、安慰她。这也体现了法与情、法律与习俗常理的互补与融合。做管理，何尝不是如此。

农耕课程开发记

北京市通州区潞城镇中心小学　张险峰

【案例】

"老师，老师，您过来看看，哪块儿地种的是花生？哪块儿地种的是红薯啊？"

在一次和同学们"社会大课堂实践"的活动中，同学们进行了采摘活动。作为农村学校的孩子们，竟然分辨不出花生秧和红薯秧。随后，我又让身边的几名高年级的同学分辨一些农具，孩子们也是一脸茫然。

自1995年至2003年以来，我校以"劳动教育"为办学特色，被评为北京市科技活动示范校和北京市科技教育示范校。学校坚持以劳技辅德、以劳技增智、以劳技强体、以劳技益美全面推进素质教育。2002年合乡并镇后，我校虽仍然以劳动教育为办学特色，但劳技活动内容发生了变化。学校依托科技工作室开展以无线电、木工、社会调查为主的活动，而科技种植、养殖项目却逐渐减少。2012年，我校迁入新址，劳动和科技教育面临新的挑战。学校特色教育该走怎样的路？应该如何走？对于刚刚接任校长工作的我来说，学生在"社会大课堂实践"活动中的这一幕，让我陷入深深的思考中。我是土生土长的农村人，感受到了农村改革开放四十年来科技带给农业的巨大变化。农业科技使我们的生活越来越富有，国家越来越兴旺。学校地处农村，校园土地资源丰富。

我们有责任开发农耕系列课程，对学生进行劳动教育，使学生树立劳动最光荣、劳动最崇高、劳动最伟大、劳动最美丽的观念。让学生在学、思、行中进行劳动实践体验，在劳动实践体验中继承农耕文化，深化科技教育，培养学生勤俭、奋斗、创新的劳动精神。

在接下来的日子里，我分层召开科技主管会、完小校长会、科技辅导员会，分析学校劳动教育、科技教育的现状，研讨对策。干部、教师肯定了我的想法，2013 年 9 月，学校建起了耕种园，并进行了"高巧包衣小麦种植的对比试验研究"。我们请来了植保站的农业技术员进行指导。学生认真观察小苗的生长情况，进行对比试验，认真做好每天的记录、制作标本、写观察日记。在劳动实践中，学生认识了农具、昆虫和植物，学会了科学的统计方法，撰写出了科技实践论文。该项目参加了北京市金鹏科技论坛、青少年创新大赛，均取得了较好的成绩，还参加了"北京市科学调查体验活动"，让学生实现了真正的成长。我们还带领学生参观了潞城镇"北京国际都市农业科技园"。学校购买了无土栽培设备，在科技园农艺师的指导下，学生进行了无土栽培试验。当植株出现异常状况时，孩子们非常着急，采取不同的措施查找病因。受学校光照、湿度条件的影响，我们所栽种的蔬菜没能成活，但这对于孩子们起到了一定的教育作用。他们提高了分析问题和解决问题的能力。看到孩子们在种植过程中挥汗如雨的劳作，以及在实验观察中认真的表情、在收获中喜悦的笑容，我由衷地感到科技种植项目带给孩子们的不仅仅是劳动的体验，更多的是孩子们德、智、体、美、劳的全面发展。

随后，学校成立了劳动课程开发小组，本着"体验—传承—科学—对比"的思路，以"小天地，大情怀"为主题，开发系列农耕课程，对学生进行劳动教育、科技教育、农耕文化教育。学校先后设计并实施了"多彩的玉米""走近红薯""花生汇""土豆传奇""豌豆开花"等专题种植课程。在每一个专题中，学生直面"选—育—栽—管—收"所有的环节。例如，"多彩的玉米"课程，低年级段学生确定了"知玉米"小主题活动，通过到"耕种园"去亲自观察记录、教师家长的讲解来了解玉米。高年级段学生确定了"我与玉米共成长"主题活动，全程参与从选种到收获的过程。学生的积极性很高，在活动中收获了快乐、收获了知识。在课程实践中，学生不但因体味稼穑艰难、收获不易而自觉勤俭，还从一株株小小幼苗的成长经历中，体会到自己的成长离不开父母和老师的辛勤培育，激发了学生爱父母、爱他人，爱护生命、珍惜生命的情感。

为了展示学生的劳动成果，学校每学期都要开展"耕种节"活动。"小麦节""花生节""彩色玉米节""红薯节"都深受学生喜爱。"红薯节"时，学校邀请了一部分家长来学校参加"红薯节"活动。老师、学生、家长济济一堂、其乐融融。有家长与学生们的齐心协力，有每个家庭间的激烈竞争，还有绞尽脑汁后的奇思妙想。在我们的活动里，所有人都充分享受劳动的成果。农耕课程对学生进行包括农业思想、农业制度、农事习俗及饮食文化等农耕文化的浸染的同时，更让学生深入了解到了传统农耕文化中所体现出的"应时、取宜、守则、和谐"的顺应自然规律的内涵，感受中华传统文化的博大精深，从而培养了学生爱农业、爱家乡、爱祖国的大情怀。

反思

农耕课程的开发和实施带动了学校特色发展。学生在农耕课程实践中用科学方法、科学的精神进行对比试验研究，深切感受到了科技发展对农耕的影响，提升了学生的探究精神和创新实践能力。从认识种子出发到对农业种植的探究，让学生在劳动实践体验中，认识农耕文化、激发学习兴趣、增强劳动感受、体会劳动的艰辛、分享劳动的喜悦、掌握劳动技能、养成劳动习惯、提高动手能力和发现、解决问题的能力。农耕实践活动的开展实现了在劳动教育中实践科技教育的目标，提升了学生综合素养，这已经成为我校特色发展的一张名片。

在保留乡土特色的基础上，今后我校的农耕课程将积极引进国际化元素，不断探索劳动教育的新方式和新途径。

后　记

为全面落实《北京市教育委员会 北京市财政局关于印发〈关于促进通州区教师素质提升支持计划（2017—2020 年）〉的通知》精神，2017 年，北京教育学院教育管理与心理学院（校长学院）承担了为期三年的通州区中小学名校长工作室（12 个）项目。

学院对此高度重视，要求教育管理与心理学院发扬首创精神，发挥主体作用，为有力实现北京城市副中心教育事业更高质量、更有效率、更加公平、更可持续地发展做出贡献。党委书记肖韵竹同志还参加部分工作室活动，为培训项目的实施、成果的出版提出了具体的指导意见，并欣然为本书作序。钟祖荣副院长召集有关部门及时研究解决相关问题，为项目顺利实施提供了有力的保障。

北京教育学院教育管理与心理学院积极响应和行动，胡淑云院长撰写了第一稿项目实施方案，随后经过与学院领导沟通、二级学院领导班子商议，并报请北京市教委相关部门审核同意，教育管理与心理学院成立了项目团队：由北京市 12 位全国知名的优秀校长担任实践导师，北京教育学院 12 位培训经验丰富的教师担任理论导师。北京教育学院教育管理与心理学院副院长孟瑜担任项目负责人，北京教育学院教育管理与心理学院教育管理系教师许甜担任项目总学术助理。另有 11 位教师相继担任了工作室学术助理。2018 年下半年，随着北京教育学院学院项目管理制度的改革，通州区中小学名校长工作室（12 个）项目被分为 12 个项目，项目负责人分别由各工作室的理论导师担任。

为了更好地实现培训目标，促进每一位校长的发展，该项目自 2017 年 12 月正式启动以来，二级院领导班子认真进行研究部署，确定了基本培训思路：12 个工作室既要有"规定动作"，也要有"自选动作"；既要有共性学习，也要有个性化学习。

在培训过程中，为了保证 12 个工作室培训活动的规范、统一、科学、严谨，凸显专业性，我们要求 12 个工作室的培训活动都要体现五个"统一"：一是统一方案，所有的工作室都按照一个总的实施方案开展培训活动；二是统一阶段，所有工作室的培训活动都分为两个阶段——共性学习阶段、个性化学习阶段；三是统一要求，我们利用团队智慧共商共研，对于一些培训细节如学员信息表、成果模板、成果编辑要求、成果评定等方面提出了统一要求；四是统一成果，我们要求每个工作室的学员都必须至少要有四个"一"的成果：一个研究成果（论文或学校改进方案）、一个案例、一份学习收获和体会、一次讲座（要求每位学员结合学习内容或课题研究，在自己学校内部做一次讲座）；五是统一沟通协调，所有工作室在培训中遇到的问题都由总学术助理统一汇总到教学副院长那里，从二级学院层面统一和相关部门协商解决，以此更好地促进每一个工作室学习活动的开展。

三年中，围绕学校如何优质发展，学员进行了深入的学习和研究，这两本书就是学员通过三年研修取得的重要成果。《学校如何优质发展——路径与方法》是从每位学员"一个研究成果"中精心挑选出的 50 篇论文或学校改进方案汇编而成的，依照研究主题分为四篇：战略发展新方略、师资建设新路径、学生发展新探索和课程教学新对策。《学校如何优质发展——校长的实践智慧》是从每位学员"一个案例"中精心挑选出的 51 篇案例汇编而成的，按照案例的主题分为三篇：学校发展的实践智慧、教师发展的实践智慧和学生发展的实践智慧。

历时三年形成的这两本书有三个突出的特点：一是时代性。校长们关注、研究的问题反映了新时期教育综合改革背景下出现的新情况，其充满智慧的解决思路也充分体现了当代精神和价值观。二是前沿性。校长们在研究过程中，站在理论和实践之间，采用了当代新的理念和理论来思考、解决问题，具有一定的创新性。三是实操性。校长们提出的问题解决路径与方法具有很强的实际操作性，有很好的借鉴意义。

本项目得以顺利完成，离不开北京市委教育工委、市教委、北京市财政局、通州区委教育工委、区教委、区教师研修中心、北京教育学院各级领导和部门的大力支持。两本书编撰过程中，12 个工作室的理论导师、实践导师、学术助理付出了大量的心血。为了保证质量，书稿经过了两方面的审核：一方面是北京教育学院教育管理与心理学院组织相关人员进行了七次审核与校对：第一次，理论导师负责，对自己工作室学员成果做了筛选和修改；第二次，学术助理负责，按照分工，对自己负责的部分稿件进行通读和校对；第三次，总学术助理许甜负责，对两本书进行通读与校对；第四次，教育管理与心理学院副院长孟瑜负责，再次对两本书进行通读和校对；第五次，教育管理与心理学院副院长孟瑜负责，和总学术助理许甜一起根据出版社的修改意见，与相关作者沟通，对书稿再次通读、校对和修改；第六次，教育管理与心理学院副院长孟瑜负责，和总学术助理许甜一起对书稿再次通读、校对和修改；第七次，胡淑云、孟瑜、许甜三位老师一起再次对书稿通读、校对。另一方面是知识产权出版社组织相关专家进行了多次审校，每次审校都提出了不少专业的问题，促使我们不断核实、修改、完善，他们的严谨态度、敬业精神和专业智慧为本书增添了不少亮色。

两本书的付梓，得到了知识产权出版社刘晓庆编辑的悉心指导，在此表示衷心的感谢！也感谢所有为两本书的出版付出诸多辛劳的人！

因时间仓促，书中难免有不足之处，敬请读者批评指正。

编者

2021 年 9 月 23 日

附：

北京市通州区中小学名校长工作室人员名单

序号	工作室名称	工作室负责人兼理论导师	实践导师	学术助理	入室学员		
1	小学名校长第一工作室	余新	张忠萍	刘博文	李 涛 范志孝 韩华明 许德胜 王艳荣 冯玉海		
2	小学名校长第二工作室	王永红 沙培宁	许培军	曹 杰 刘博文	陈金香 王玉霞 金万芝 杨 东 邵学良		
3	小学名校长第三工作室	杨雪梅	王 欢	王 聪 娄 娅	黄玉钢 张险峰 齐久波 王超山 崔淑仙		
4	小学名校长第四工作室	崔艳丽	李明新	娄 娅	杜士峰 李文凤 张兆宏 陆桂臣 孙会芹		
5	小学名校长第五工作室	刘维良	刘可钦	王志明	刘会民 郝冬华 武志松 刘卫红 孙亚桂		
6	小学名校长第六工作室	王淑娟	李 烈	王 聪 胡荣堃	谢希红 左春云 胡凤岐 梁士发 张利华 王晓慧		
7	中学名校长第一工作室	胡淑云	王殿军	郝盼盼	李 青 刘志林 李志强 武长亭 徐 华		
8	中学名校长第二工作室	石 瑒	周建华	郝盼盼	周立军 杜福栋 张 刚 张士东 刘小惠		
9	中学名校长第三工作室	吕 蕾	李有毅	李 娜	田连启 张宝国 周连宇 毛金龙		
10	中学名校长第四工作室	李 雯	钮小桦	郭 冰 胡佳怡 曹 杰	陈 勇 杨玉慧 郝书金 张晓光 徐英杰		
11	中学名校长第五工作室	孟 瑜	刘长铭	许 甜	常恩元 陆 旻 李卫东 李连江 王俊丽		
12	中学名校长第六工作室	迟希新	于会祥	郭 冰 胡佳怡	李竹林 丁永明 张 健 王 飞